쓱싹 시리즈 ④

쓱 하고
싹 배우는

한글 2014

저자 안은진

YoungJin.com Y.
영진닷컴

쓱 하고 싹 배우는
한글 2014

401, STX-V Tower 128, Gasan digital 1-ro, Geumcheon-gu, Seoul, Republic of Korea.

All rights reserved. First published by Youngjin.com. in 2022. Printed in Korea

저작권법에 의해 한국 내에서 보호를 받는 저작물이므로 무단 전재와 복제를 금합니다.

ISBN 978-89-314-6173-2

독자님의 의견을 받습니다

이 책을 구입한 독자님은 영진닷컴의 가장 중요한 비평가이자 조언가입니다. 저희 책의 장점과 문제점이 무엇인지, 어떤 책이 출판되기를 바라는지, 책을 더욱 알차게 꾸밀 수 있는 아이디어가 있으면 이메일, 또는 우편으로 연락주시기 바랍니다. 의견을 주실 때에는 책 제목 및 독자님의 성함과 연락처(전화번호나 이메일)를 꼭 남겨 주시기 바랍니다. 독자님의 의견에 대해 바로 답변을 드리고, 또 독자님의 의견을 다음 책에 충분히 반영하도록 늘 노력하겠습니다.

이메일 : support@youngjin.com

주 소 : 서울특별시 금천구 가산디지털1로 128 STXV타워 4층 401호

등 록 : 2007. 4. 27. 제16-4189호

STAFF

저자 안은진 | **총괄** 김태경 | **진행** 김연희 | **디자인** 박지은 | **편집** 강창효, 김효정, 김하림, 박지은
영업 박준용, 임용수 | **마케팅** 이승희, 김근주, 조민영, 김예진, 이은정 | **제작** 황장협 | **인쇄** 제이엠

이 책은요!

쉽고 재미있는 문서 편집 프로그램인
한글 2014의 사용 방법을 배우며 나만의 문서를 작성해 보아요!

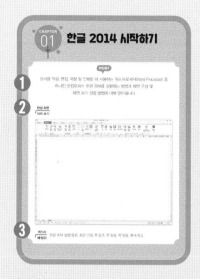

① POINT
챕터에서 배우게 될 내용을 간략하게 소개해요.

② 완성 화면 미리 보기
챕터에서 배우게 되는 예제의 완성된 모습을 미리 만나요.

③ 여기서 배워요!
어떤 내용을 배울지 간략하게 살펴봐요. 배울 내용을 미리
알아 두면 훨씬 쉽고 재미있게 배울 수 있어요.

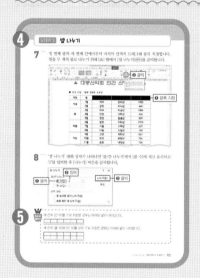

④ STEP
예제를 하나하나 따라 하면서 본격적으로 기능들을 익혀
봐요.

⑤ 조금 더 배우기
본문에서 설명하지 않은 내용 중 중요하거나 알아 두면
좋을 내용들을 알 수 있어요.

⑥ 혼자서도 만들 수 있어요!
챕터에서 배운 내용을 연습하면서 한 번 더 기능을 숙지
해 봐요.

⑦ HINT
문제를 풀 때 참고할 내용을 담았어요.

이 책의 목차

CHAPTER 01 한글 2014 시작하기

문서를 직성, 편집, 저장 및 인쇄할 때 사용하는 워드프로세서(Word Processor) 중
하나인 한컴오피스 한글 2014를 실행하는 방법과 화면 구성 및
화면 보기 설정 방법에 대해 알아봅니다.

완성 화면
미리 보기

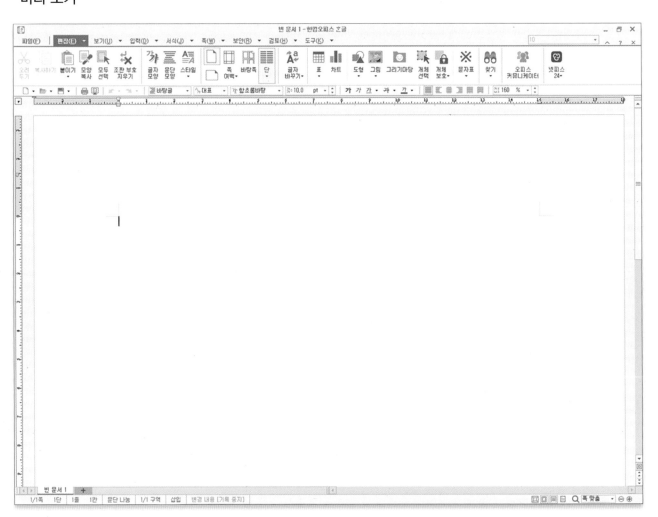

여기서
배워요! 한글 2014 실행/종료, 화면 구성, 쪽 윤곽, 폭 맞춤, 쪽 맞춤, 확대/축소

한글 2014 시작하고 종료하기

1 한글 2014 프로그램을 시작하려면 윈도우 10의 경우 [시작](⊞)–[한컴오피스 한글 2014]를 클릭하여 시작합니다. 윈도우 7의 경우 [시작](⊞)–[모든 프로 그램]–[한컴오피스 한글 2014]를 차례대로 클릭하여 시작합니다.

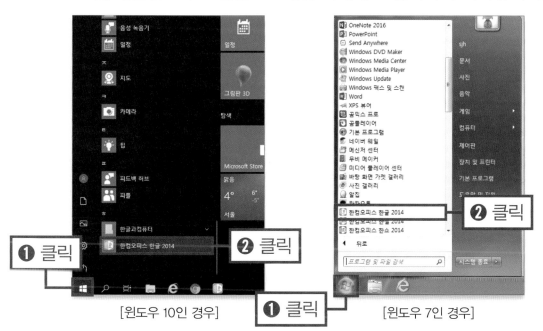

[윈도우 10인 경우] [윈도우 7인 경우]

조금 더 배우기

바탕 화면에 [한컴오피스 한글 2014]의 바로가기 아이콘(⬛)이 있는 경우 더블 클릭해 실행할 수 있습니다.

2 한글 2014 프로그램을 끝내려면 [파일]–[끝]을 클릭합니다.

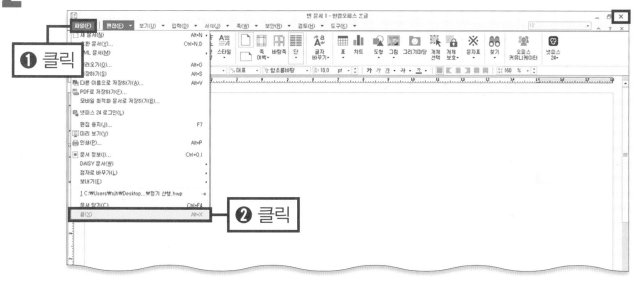

조금 더 배우기

제목 표시줄 오른쪽에 위치한 [닫기](☒) 버튼을 클릭해도 됩니다.

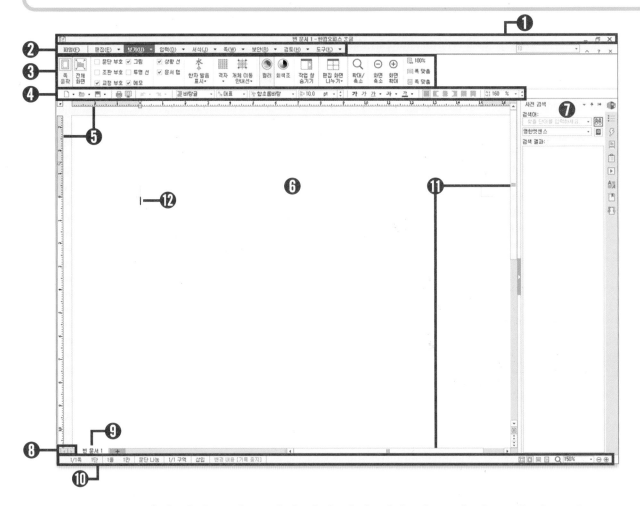

① **제목 표시줄** : 현재 작업 중인 문서의 파일 명과 저장 경로 및 창 조절 버튼 등으로 구성 되어 있습니다. 저장하지 않은 파일 명은 '빈 문서 1', '빈 문서 2' 등으로 표시됩니다.

② **메뉴 표시줄** : 한글 2014에서는 [파일], [편집], [보기], [입력], [서식], [쪽], [보안], [검 토], [도구]의 9개 주 메뉴가 있습니다. [파일]을 제외한 나머지 주 메뉴의 경우 주 메뉴 이름을 클릭하면 열림 상자가 나타나고, 주 메뉴 이름 옆의 [펼침 단추](▼)를 클릭하면 펼침 메뉴가 열립니다.

③ **기본 도구 상자** : 각 메뉴에서 자주 사용하는 기능을 모아 놓은 곳으로, '열림 상자'라고 도 합니다. 도형, 그림, 표, 글맵시 등 상황에 따라 열림 상자가 다르게 나타납니다.

④ **서식 도구 상자** : 작업을 빠르게 할 수 있도록 문서를 편집할 때 자주 사용하는 기능을 아이콘으로 묶어 놓은 곳입니다.

⑤ **가로/세로 눈금자** : 개체의 가로와 세로의 위치 및 너비와 높이를 파악하기 위해 사용합니다.

⑥ **편집 창** : 실제로 문서를 작성하거나 편집하는 곳입니다.

⑦ **작업 창** : 자주 사용하는 기능들을 모아 편집 창에서 바로 사용할 수 있도록 한 것으로, 필요에 따라 [보기] 탭-[작업 창 숨기기/보이기]를 통해 보이거나 감출 수 있습니다.

⑧ **탭 이동 아이콘** : 여러 개의 문서 탭이 열려 있을 때 이전 탭/다음 탭으로 이동합니다.

⑨ **문서 탭** : 작업 중인 문서의 제목이 표시되며 저장하지 않은 문서의 파일 이름은 빨간색, 자동 저장된 문서는 파란색, 저장 완료된 문서는 검은색으로 표시됩니다.

⑩ **상황 선** : 마우스가 위치한 곳의 정보나 편집 창의 상태 등을 보여 줍니다.

⑪ **가로/세로 이동 막대** : 문서 내용이 편집 화면보다 클 때 화면을 가로 또는 세로로 이동하기 위해 사용합니다.

⑫ **커서** : 문자를 입력하는 곳과 작업의 위치를 알려 줍니다.

3 ····· 편집하는 문서의 실제 크기를 바꾸지 않고 작업 화면의 보기 형태를 조정할 수 있습니다. [보기] 탭-[쪽 맞춤]을 차례대로 클릭합니다. 현재 문서의 한쪽 분량이 한 화면으로 볼 수 있는 비율로 표시됩니다.

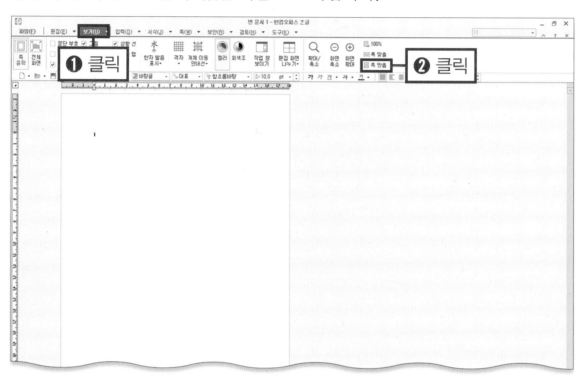

4 ····· 이번에는 [폭 맞춤]을 클릭합니다. 현재 문서의 폭에 맞추어 확대 비율이 조절됩니다.

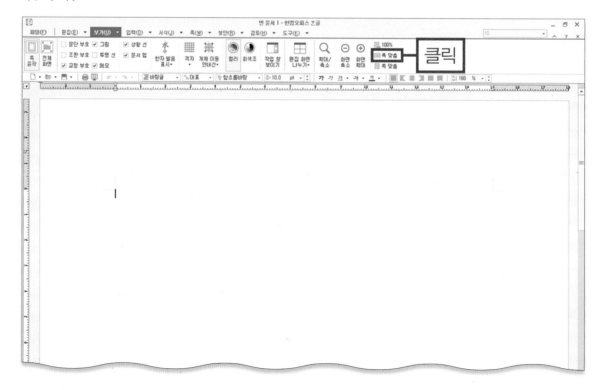

5 [보기] 탭에서 [쪽 윤곽]을 클릭합니다. 설정이 해제되면 용지의 여백 부분은 숨겨지고 편집 창만 보이게 되므로 화면을 넓게 쓸 수 있습니다. 다시 클릭하면 쪽 윤곽이 표시됩니다.

클릭

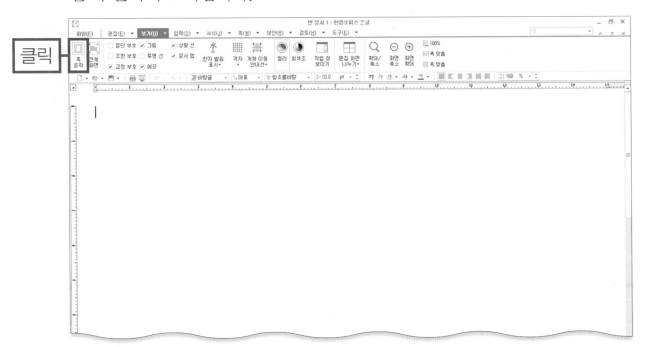

 오른쪽 하단에 위치한 상황 선을 이용하여 화면 보기를 설정할 수 있습니다.

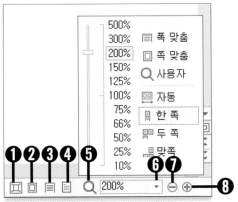

❶ **전체 화면** : 편집 창이 바탕 화면 전체 크기로 확대됩니다. 전체 화면 메뉴를 다시 선택하거나 화면 아래쪽의 [전체 화면 닫기]를 클릭하면 해제됩니다.

❷ **쪽 윤곽** : 클릭할 때마다 쪽 윤곽을 보이게 하거나 보이지 않게 할 수 있습니다.

❸ **폭 맞춤** : 선택하면 현재 문서의 폭에 맞추어 확대 비율이 조절됩니다.

❹ **쪽 맞춤** : 선택하면 현재 문서의 한쪽 분량이 한 화면에 표시됩니다.

❺ **확대/축소** : 선택하면 '화면 확대/축소' 대화 상자가 나타나고 '비율', '쪽 모양', '쪽 이동'을 설정할 수 있습니다.

❻ **펼침 단추** : 선택하면 원하는 화면 표시 비율과 쪽 모양을 클릭하여 설정할 수 있습니다.

❼ **축소** : 클릭할 때마다 화면을 5%씩 축소합니다.

❽ **확대** : 클릭할 때마다 화면을 5%씩 확대합니다.

혼자서도 만들 수 있어요!

1 바탕 화면의 [한컴오피스 한글 2014] 바로 가기 아이콘을 이용해 한글 2014 프로그램을 실행하고 종료해 보세요.

 HINT 바탕 화면에서 [한컴오피스 한글 2014]의 바로 가기 아이콘을 더블 클릭해 프로그램 실행 → [파일]-[끝]을 클릭해 프로그램 종료

2 [쪽 윤곽]과 [폭 맞춤]을 설정해 작업 화면을 변경해 보세요.

 HINT 화면 아래쪽의 상황 선에서 [쪽 윤곽]과 [폭 맞춤]을 각각 클릭하여 선택

한글 2014 편집 기초 익히기

POINT

작성 중인 문서를 파일로 저장해 놓으면 나중에 불러와서
내용을 확인하거나 편집할 수 있습니다.
여기서는 문서를 저장하고 불러오는 방법 및 새 문서 만들기에 대해 알아봅니다.

완성 화면
미리 보기

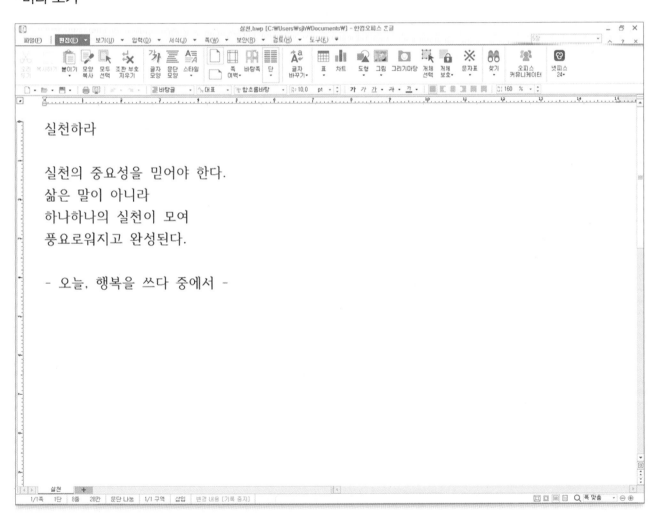

여기서
배워요! 저장하기, 불러오기, 새 문서

1 ‥‥‥ 한글 2014 프로그램을 실행하고 빈 문서에 아래의 이미지와 같이 내용을 입력합니다.

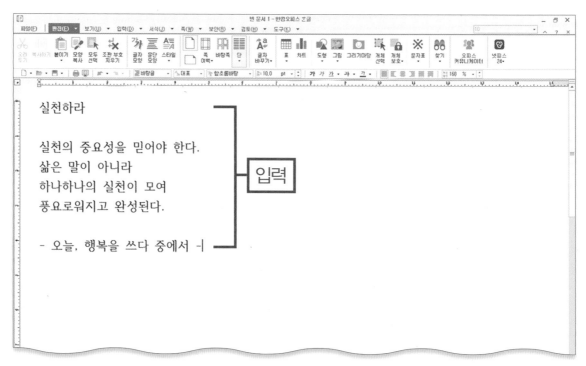

2 ‥‥‥ 작성된 내용을 저장하기 위해 [파일]-[저장하기]를 차례대로 클릭합니다.

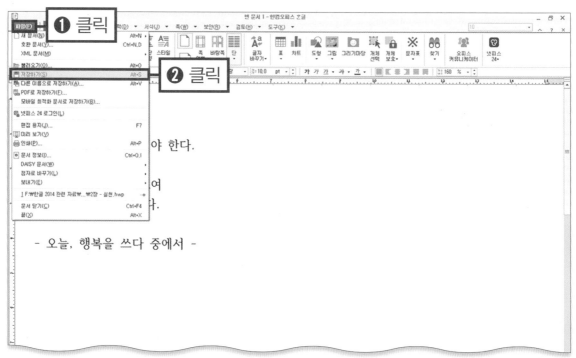

 [서식] 도구 상자의 [저장하기](📄) 아이콘을 클릭해도 됩니다.

3 '다른 이름으로 저장하기' 대화 상자가 나타나면 먼저 [라이브러리]를 클릭한 후 [문서]를 더블 클릭합니다. 다음으로 '파일 이름' 입력 란에 '실천'이라고 입력한 후 [저장] 버튼을 클릭합니다.

 '다른 이름으로 저장하기' 대화 상자에서 '파일 이름' 란은 문서의 가장 첫 문단이 자동으로 입력되어 나타납니다. '파일 이름'을 변경할 필요가 없을 때에는 '저장 위치'를 지정하고 바로 [저장] 버튼을 클릭하면 됩니다.

4 문서가 저장되면 제목 표시줄에 파일 이름과 저장 경로가 표시되고 문서 탭에도 파일 이름이 표시됩니다. [문서 닫기]( ) 버튼을 클릭합니다.

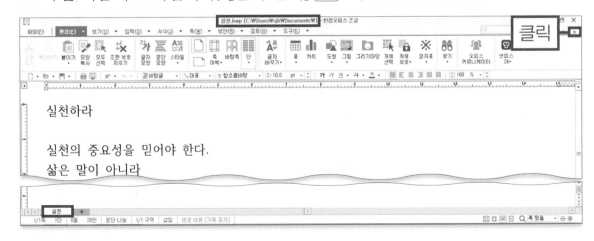

 [문서 닫기]( ) 버튼은 한글 프로그램은 종료되지 않고 현재 열려 있는 문서만 닫습니다.

5 저장되어 있는 문서를 불러오기 위해 [파일]−[불러오기]를 차례대로 클릭합니다.

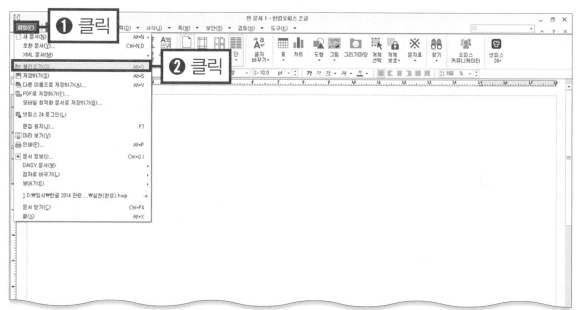

조금 더 배우기

[서식] 도구 상자의 [불러오기]( ) 아이콘을 클릭해도 됩니다.

6 '불러오기' 대화 상자가 나타나면 먼저 [라이브러리]를 클릭한 후 [문서]를 더블 클릭합니다. 다음으로 앞서 저장한 [실천] 파일을 선택하고 [열기] 버튼을 클릭합니다.

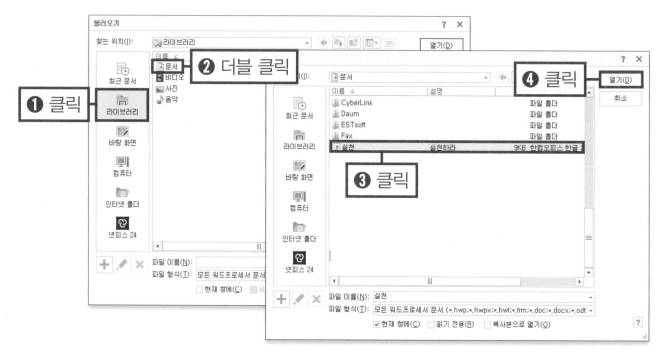

새 문서 만들기

7 새로운 문서를 작성하기 위해 [파일]–[새 문서]를 차례대로 클릭합니다.

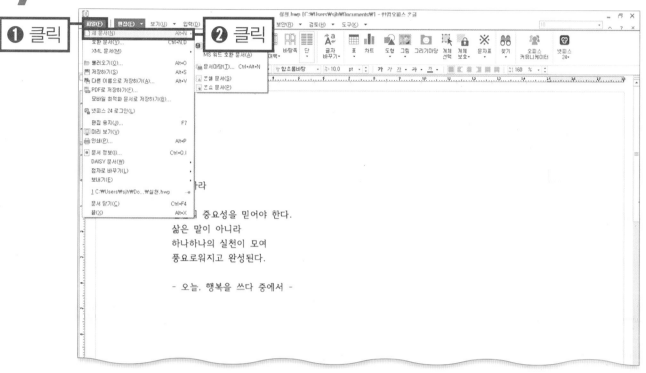

[서식] 도구 상자의 [새 문서](🗅) 아이콘을 클릭해도 됩니다.

8 새로운 창이 추가되면서 빈 문서가 만들어집니다.

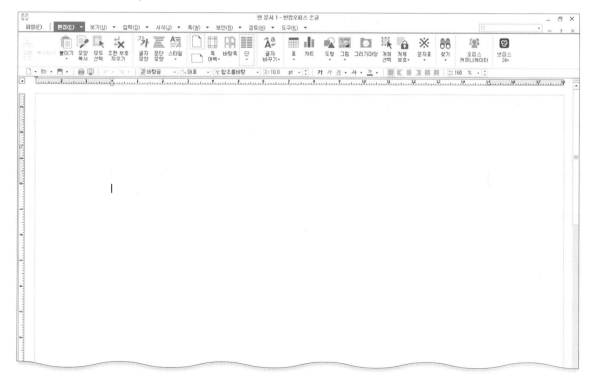

혼자서도 만들 수 있어요!

1 한글 2014 프로그램을 실행하여 다음과 같이 입력하고 바탕 화면에 '행복.hwp' 파일로 저장한 다음 한글 2014 프로그램을 종료해 보세요.

> 저녁 때
> 돌아갈 집이 있다는 것
>
> 힘들 때
> 마음속으로 생각할 사람 있다는 것
>
> 외로울 때
> 혼자서 부를 노래가 있다는 것.
>
> -행복/나태주-

 HINT 내용을 입력하고 [파일]-[저장하기] 클릭 → '다른 이름으로 저장하기' 대화 상자가 나타나면 [바탕 화면] 클릭 → '파일 이름' 입력 란에 '행복' 입력 후 [저장] 클릭 → [파일]-[끝] 클릭

2 한글 2014 프로그램을 실행하여 바탕 화면에 저장했던 '행복.hwp' 파일을 불러오기 해 보세요.

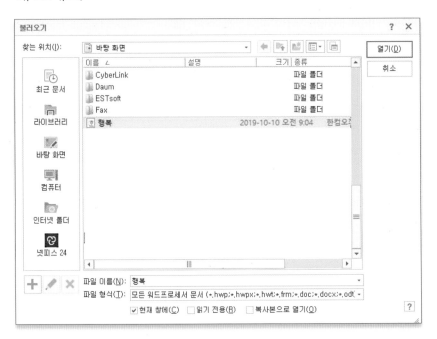

 HINT [파일]-[불러오기] 클릭 → '찾는 위치'에서 [바탕 화면] 클릭 → [행복.hwp] 선택 후 [열기] 클릭

POINT

블록은 문서 작성 시 문서의 일부분을 범위로 지정하는 것을 말합니다.
이번에는 글자를 입력하고 블록 지정을 통해 서식을 바꾼 후
저장하는 기본적인 문서 작성 방법에 대해 알아봅니다.

완성 화면
미리 보기

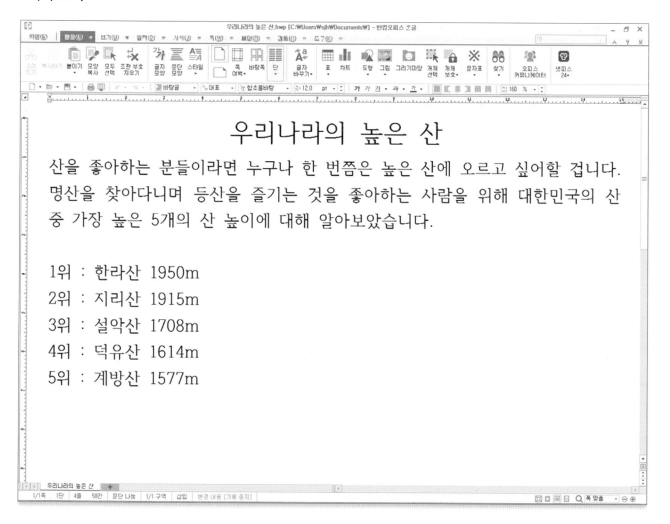

여기서
배워요!
글자 입력, 블록 지정, 저장하기

1 한글 2014 프로그램을 실행하고 빈 문서에 아래의 이미지와 같이 내용을 입력합니다. 입력하고 난 후 줄 바꿈을 위해 Enter↵를 누릅니다.

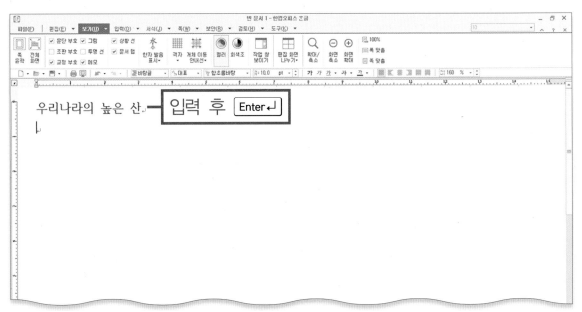

조금 더 배우기 내용을 입력하는 도중에 문맥에 따라 줄이 바뀌는 부분이 있을 때 Enter↵를 누릅니다. 다음 Enter↵를 누르기까지 사이에 입력된 내용을 문단이라고 합니다. [보기] 탭-[문단 부호]에 체크를 하면 문단의 끝에 (↵) 표시가 나타나 Enter↵를 누른 위치를 확인할 수 있습니다.

2 이어서 두 번째 문단 내용을 계속하여 입력한 후 Enter↵를 두 번 누릅니다. 이때 두 번째 문단의 입력이 끝날 때까지는 Enter↵를 누르지 않도록 주의합니다.

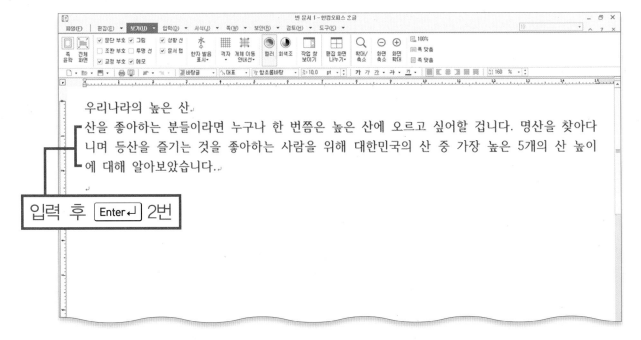

3 아래와 같이 나머지 내용도 입력합니다. 숫자 뒤에 'm'을 입력하기 위해 키보드의 [한/영]을 눌러 영어를 입력한 뒤 다시 [한/영]을 눌러 한글을 입력합니다.

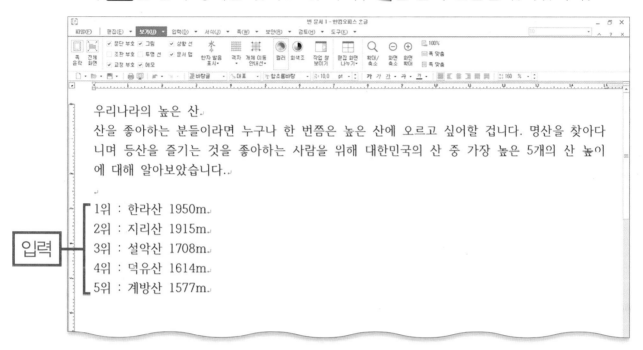

입력

STEP 2 **블록 지정하기**

4 제목의 왼쪽 여백에 마우스 포인터를 두고 포인터가 (⟨⟩) 일 때 클릭하여 한 줄을 블록 지정합니다.

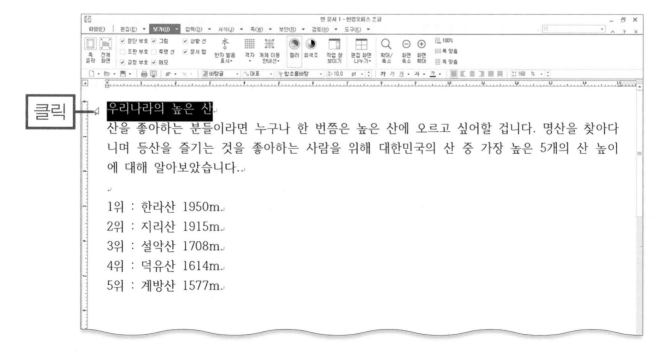

클릭

블록 지정하기

블록은 문서 작성 시 편집(모양 변경, 삭제, 복사, 이동 등)을 위해 문서의 일부분을 범위로 지정하는 것을 말합니다.

• 마우스로 블록 지정하기

▶ 마우스 포인터가 (Ⅰ) 일 때 단어 위에 놓고 더블 클릭하면 그 단어가 블록으로 지정되고, 세 번 클릭하면 그 단어가 속한 문단이 블록으로 지정됩니다.

▶ 마우스 포인터가 (Ⅰ) 일 때 마우스를 누른 상태에서 설정할 범위까지 드래그하면 문서의 일부분을 블록으로 지정할 수 있습니다.

▶ 마우스 포인터를 문서의 왼쪽 여백에 두고 마우스 포인터가 (◢) 일 때 클릭하면 마우스 포인터가 있는 한 줄을 블록 지정할 수 있습니다. 더블 클릭하면 한 문단이, 세 번 클릭하면 문서 전체가 블록으로 지정됩니다.

• 글자판으로 블록 지정하기

▶ 블록으로 지정할 내용의 시작 위치를 클릭하여 커서를 놓은 다음 블록 지정할 끝부분에 마우스 포인터를 가져다 놓고 Shift 를 누른 채로 클릭하면 커서 위치부터 마우스 포인터 위치까지 블록 지정됩니다.

▶ 블록으로 지정할 내용의 시작 위치를 클릭하여 커서를 놓은 다음 Shift 를 누른 채로 방향키(←, →, ↑, ↓)를 눌러 블록을 지정할 수 있습니다.

▶ 블록으로 지정할 내용의 시작 위치를 클릭하여 커서를 놓은 다음 F3 을 한 번 누른 후 방향키(←, →, ↑, ↓)를 눌러 블록 지정할 수 있습니다.

• 블록 지정 해제하기

▶ Esc 를 누르거나 문서의 아무 곳이나 클릭하면 블록 지정이 해제됩니다.

5 ····· [서식] 도구 상자에서 '글자 크기'의 [펼침 단추](▼)를 클릭하여 [18pt]를 선택합니다.

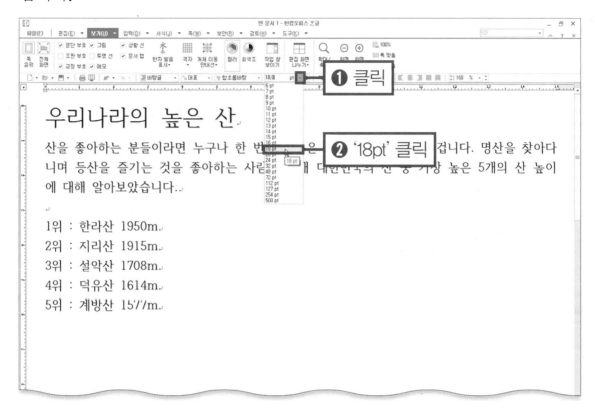

6 ····· 블록이 지정된 상태에서 [서식] 도구 상자의 [가운데 정렬](▤)을 클릭합니다.

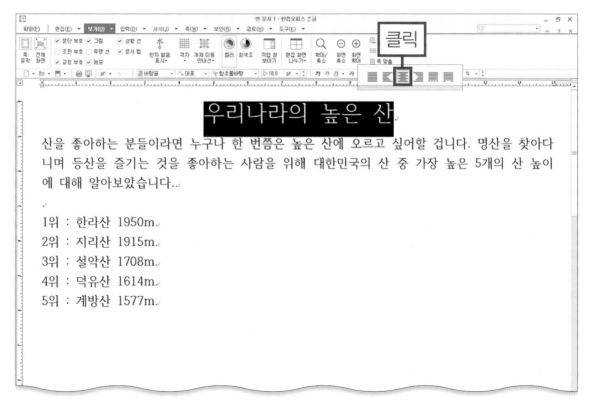

7 마우스 포인터를 두 번째 줄의 왼쪽 여백에 두고 마우스 포인터가 (⚐) 일 때 아래로 드래그해 내용 부분을 블록 지정합니다.

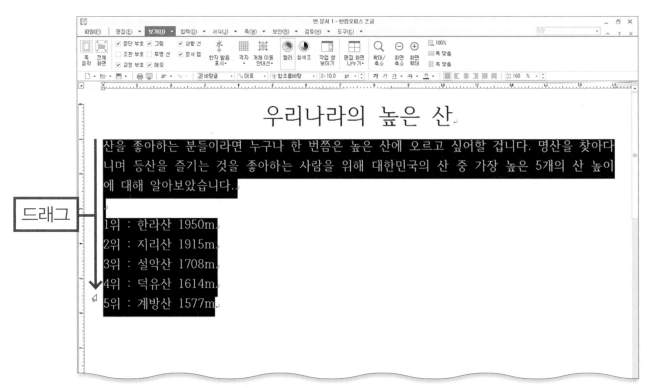

8 [서식] 도구 상자에서 '글자 크기'의 [펼침 단추](▼)를 클릭하여 [12pt]를 선택합니다. 블록 지정을 해제하기 위해 빈 곳을 클릭합니다.

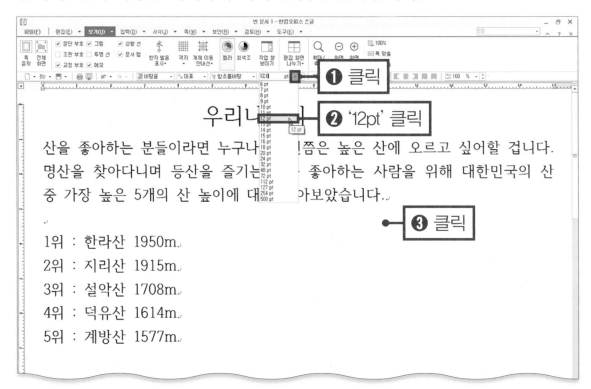

문서 저장하기

9 작성된 내용을 저장하기 위해 [파일]−[저장하기]를 차례대로 클릭합니다.

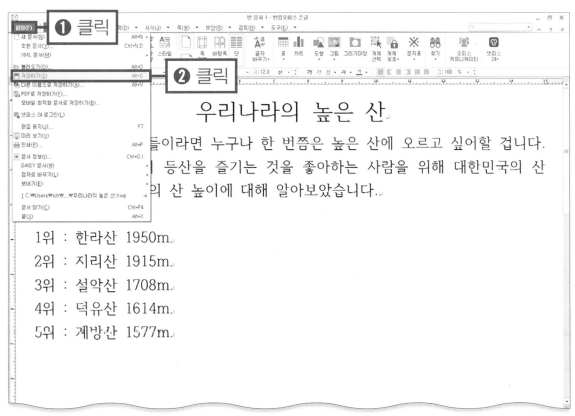

10 '다른 이름으로 저장하기' 대화 상자가 나타나면 '저장 위치'를 원하는 위치로 지정하고 [저장] 버튼을 클릭합니다.

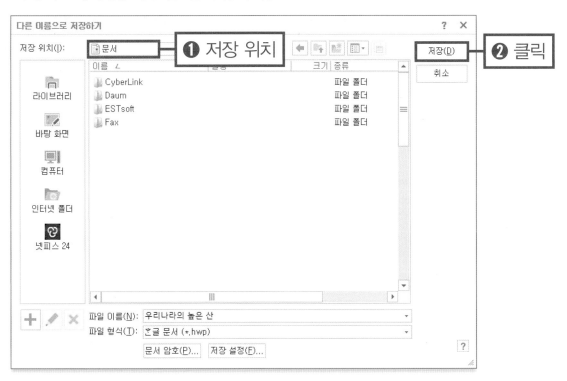

혼자서도 만들 수 있어요!

1 한글 2014 프로그램을 실행하여 아래의 내용을 입력하고 블록 지정하여 서식을 변경한 다음 저장해 보세요.

> **제목 :** 글자 크기 20pt, 가운데 정렬
> **내용 :** 글자 크기 11pt

제주도 올레길

아름다운 제주의 숨은 매력을 발견하기에 올레길 걷기가 빠질 수 없습니다. 20여 개가 넘는 올레 코스 중 사람들이 추천하는 베스트 코스를 뽑아 보았습니다.

7코스 : 외돌개 - 속천골 - 법환포구 - 서건도 - 강정포구 - 월평포구
6코스 : 쇠소깍 - 소정방폭포 - 정방폭포 - 이중섭미술관 - 천지연폭포 - 외돌개
1코스 : 시흥초등학교 - 알오름 - 목화휴게소 - 성산갑문입구 - 광치기 해변

글자 입력 → 제목 부분 블록 지정 → 글자 크기 변경 후 [가운데 정렬] 클릭 → 내용 부분 블록 지정 → 글자 크기 변경 → [파일]–[저장하기] 클릭 → '저장 위치' 변경 후 [저장] 클릭

---

2 한글 2014 프로그램을 실행하여 아래의 내용을 입력하고 블록 지정하여 서식을 변경한 다음 저장해 보세요.

> **제목 :** 글자 크기 18pt, 가운데 정렬
> **내용 :** 글자 크기 12pt

우리나라 성씨

2015년 통계청 자료에 따르면 우리나라에서 많이 사용하는 성씨는 김, 이, 박, 최, 정 순으로 이 중 김씨는 전체 인구의 약 22%를 차지하고 있습니다. 그 중 우리나라에서 가장 많은 성씨 본관 5개는 무엇인지에 대해 알아보았습니다.

1위 : 김해 김씨
2위 : 밀양 박씨
3위 : 전주 이씨
4위 : 경주 김씨
5위 : 경주 이씨

글자 입력 → 제목 부분 블록 지정 → 글자 크기 변경 후 [가운데 정렬] 클릭 → 내용 부분 블록 지정 → 글자 크기 변경 → [파일]–[저장하기] 클릭 → '저장 위치' 변경 후 [저장] 클릭

산악회 모집 안내문 만들기

POINT

한글에서 글자와 문단을 꾸미기 위해서는 [서식] 도구 상자와 글자 모양, 문단 모양의 대화 상자를 사용합니다. 이를 이용하여 글꼴, 글자 크기, 글자 속성 및 정렬 등을 바꿔 문서를 좀 더 보기 좋게 편집하는 방법에 대해 알아봅니다.

완성 화면
미리 보기

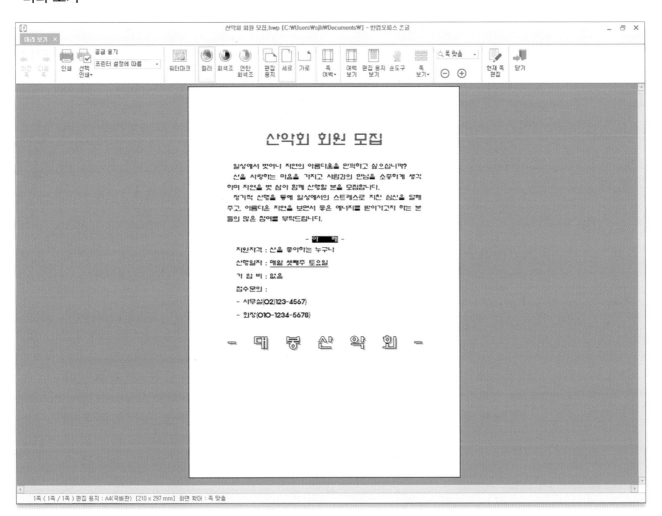

여기서
배워요!

글꼴 변경, 글자 크기 변경, 글자 색 변경, 정렬 지정, 첫줄 들여쓰기, 왼쪽 여백, 줄 간격

[서식] 도구 상자 이용하여 모양 변경하기

1 [서식] 도구 상자의 [불러오기](📁)를 클릭해 [4강] 폴더에서 [산악회 회원 모집.hwp] 파일을 불러옵니다.

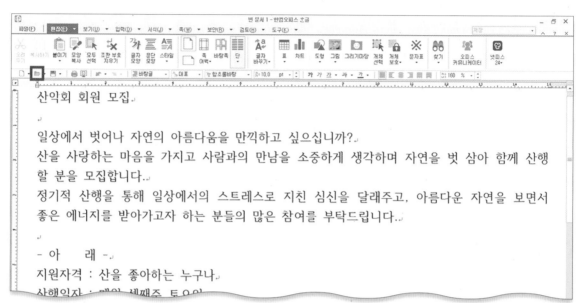

 [보기] 탭에서 [문단 부호]를 체크하면 줄 바꿈 기호인 (↵)를 확인할 수 있습니다.

2 마우스 포인터를 첫 줄의 왼쪽 여백에 두고 마우스 포인터가 (⊿) 일 때 아래로 끝까지 드래그해 문서 전체를 블록 지정한 후 [서식] 도구 상자에서 '글꼴'의 [펼침 단추](▾)를 클릭합니다. 글꼴 목록에서 [휴먼엑스포]를 찾아 클릭합니다.

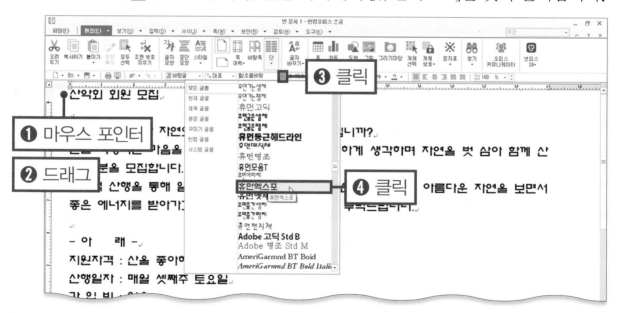

 블록 지정 후 서식을 변경할 때 미리 보기가 적용되어 블록 표시가 보이지 않습니다.

3 이번에는 마우스 포인터를 첫 줄의 왼쪽 여백에 두고 마우스 포인터가 (⧄) 일 때 클릭하여 첫 번째 줄을 블록 지정합니다. [서식] 도구 상자에서 '글자 크기' 의 [펼침 단추](▼)를 클릭한 다음 [32pt]를 선택합니다.

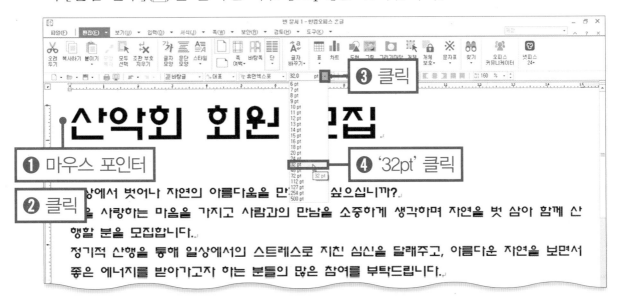

4 첫 번째 줄이 블록 지정된 상태에서 [서식] 도구 상자에서 [글자 색](갗 ▼)의 [펼침 단추](▼)를 클릭합니다. 글자 색 목록에서 [파랑]을 클릭합니다.

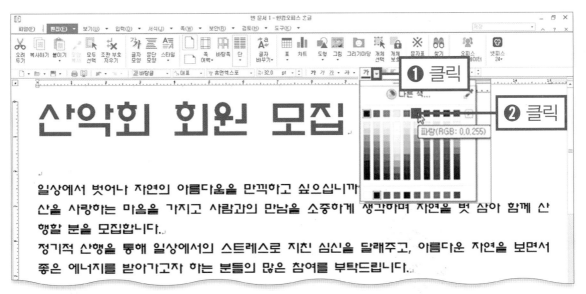

색상표에 원하는 색이 없으면 [색상 테마](▣)를 클릭한 후 '색상 테마' 목록에서 원하는 테마 색을 선택하면 됩니다. 여기서는 '오피스' 테마를 사용했습니다.

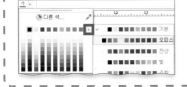

5 [서식] 도구 상자에서 [가운데 정렬](≣)을 클릭합니다.

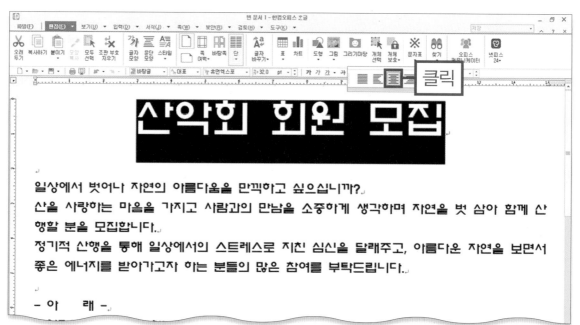

6 세 번째 줄인 '일상에서'부터 내용 끝까지 블록 지정한 후 [서식] 도구 상자에서 '글자 크기'의 [펼침 단추](▼)를 클릭합니다. '글자 크기' 목록에서 [14pt]를 클릭합니다.

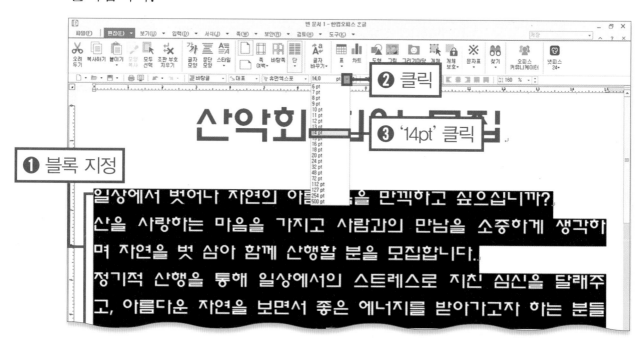

조금 더 배우기

원하는 글자 크기가 목록에 없으면 숫자 란을 클릭하여 직접 입력한 후 Enter↵ 를 치거나, (🔼)을 눌러 1pt씩 키우거나 줄입니다.

| 21 | pt | ▼ | 🔼 |

7 ······ '– 아 래 –' 부분을 클릭하여 마우스 커서를 위치시킨 후 [서식] 도구 상자에서 [가운데 정렬](▤)을 클릭합니다. 다음으로 맨 마지막 줄인 '– 대 봉 산 악 회 –' 부분을 클릭하여 마우스 커서를 위치시킨 후 [나눔 정렬](▤)을 클릭합니다.

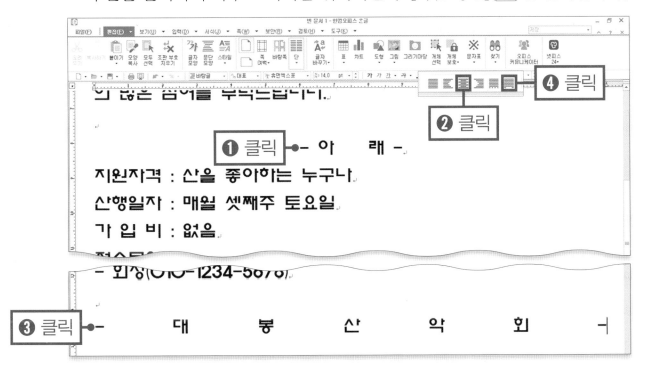

8 ······ 이번에는 '매월' 앞에 커서를 위치시킨 후 마우스 포인터가 (Ⅰ) 일 때 '토요일' 까지 드래그하여 블록 지정합니다. [서식] 도구 상자에서 [밑줄](간)을 클릭합니다.

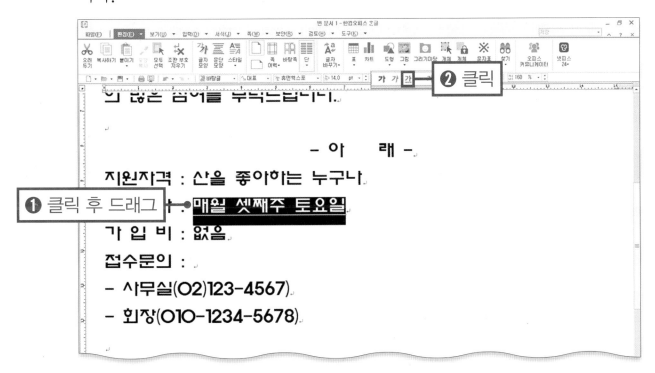

9 '아 래' 글자를 블록 지정한 후 [서식] 탭-[글자 모양]을 차례대로 클릭합니다.

 단어를 블록 지정하면 실시간으로 사전 검색 내용을 확인할 수 있습니다. 이 기능이 불편하면 단어
아래의 [설정](☑) 버튼을 클릭한 후 '실시간 검색' 대화 상자가 나타나면 '선택 사항'에서 [문자 선택
시 검색하기]를 체크 해제한 후 [설정] 버튼을 클릭합니다.

10 '글자 모양' 대화 상자가 나타나면 '속성' 항목에서 '글자 색'은 [하양], '음영 색'
은 [검정]으로 선택하고 [설정] 버튼을 클릭합니다.

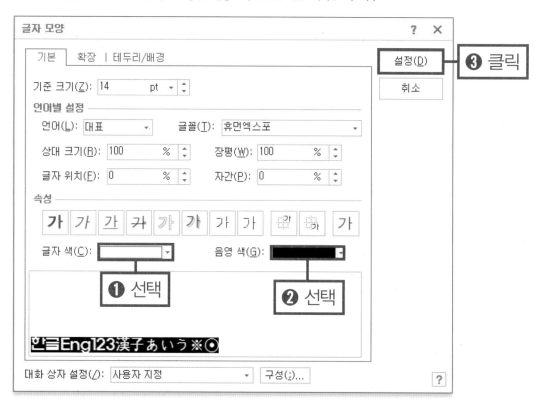

11 맨 마지막 줄을 블록 지정한 후 다시 [글자 모양]을 클릭합니다. '글자 모양' 대화 상자에서 '기준 크기'는 '32pt', '속성' 항목에서 [진하게](가), [외곽선] (가), [그림자](가)를 클릭한 다음 [설정] 버튼을 클릭합니다.

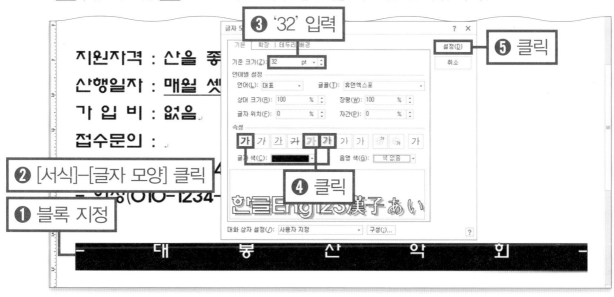

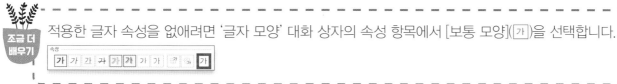

조금 더 배우기 적용한 글자 속성을 없애려면 '글자 모양' 대화 상자의 속성 항목에서 [보통 모양](가)을 선택합니다.

12 '일상에서'부터 '부탁드립니다.'까지 블록으로 지정한 후 [서식] 탭의 [문단 모양]을 클릭합니다.

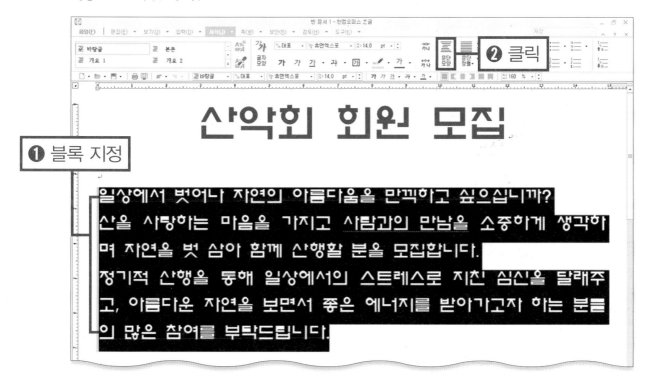

13 '문단 모양' 대화 상자가 나타나면 '첫 줄' 항목에서 [들여쓰기]를 클릭하고 '14pt'를 입력한 다음 [설정] 버튼을 클릭합니다. 각 문단의 첫 줄이 왼쪽 시작 선을 기준으로 들여쓰기 됩니다.

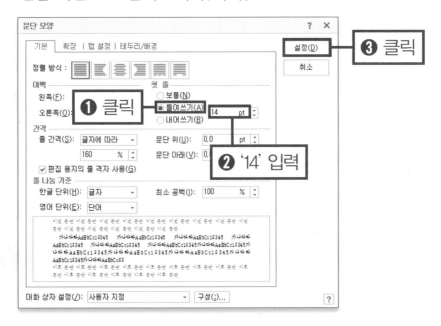

14 '지원자격'부터 '– 회장(010–1234–5678)'까지 블록으로 지정한 후 다시 [문 단 모양]을 선택합니다. '문단 모양' 대화 상자가 나타나면 '여백' 항목에서 '왼 쪽' [20pt], '간격' 항목에서 '줄 간격' [200%]로 지정하고 [설정] 버튼을 클릭 합니다. 내용의 왼쪽에 20pt만큼 여백이 생기고 줄 간격이 200%로 늘어난 것을 확인할 수 있습니다.

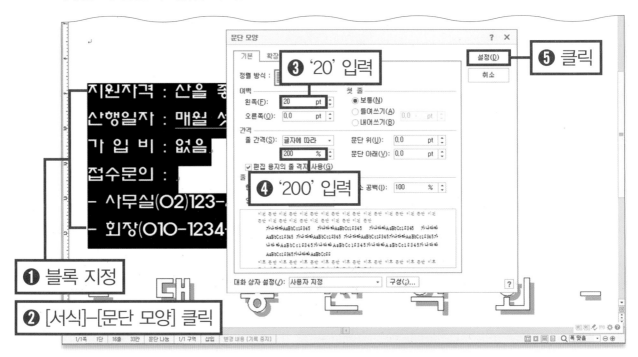

15 빈 곳을 클릭하여 블록을 해제한 다음 상황 선의 [쪽 맞춤](▤)을 클릭하여 작성한 문서 내용을 확인합니다. [서식] 도구 상자의 [저장하기](💾)를 클릭해 완성된 문서를 저장합니다.

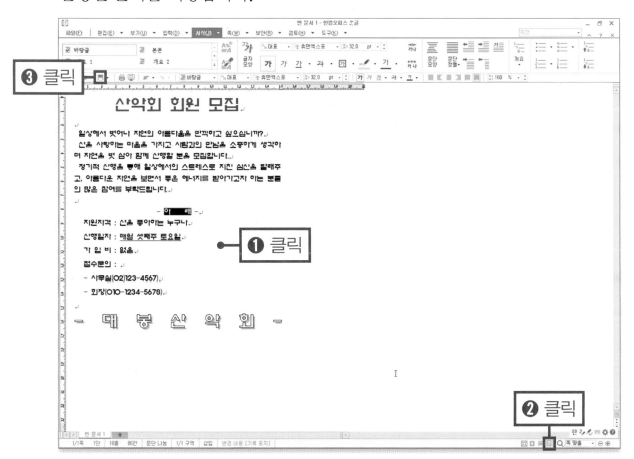

줄 간격 조절하기

줄 간격은 문구가 입력되어 있는 줄 사이의 간격으로, 기본 값은 '160%'입니다. 줄 간격은 [서식] 탭의 [문단 모양] 대화 상자에서 바꿀 수 있습니다. 또한, 줄 간격을 설정하고자 하는 구간을 드래그하여 선택한 뒤 [서식] 도구 상자의 줄 간격(📏160 % ▾ ⬍) 메뉴를 이용하면 좀 더 빠르게 변경할 수 있습니다.

혼자서도 만들 수 있어요!

1 [04강]의 '부녀회 회원 모집.hwp' 파일을 불러온 후 〈조건〉을 참고하여 다음과 같은 문서를 작성해 보세요.

〈조건〉

❶ 글꼴(함초롬돋움), 글자 크기(32pt), 글자 색(빨강), 가운데 정렬
❷ 글꼴(함초롬돋움), 글자 크기(13pt), 첫 줄 들여쓰기(13pt)
❸ 글꼴(함초롬돋움), 글자 크기(13pt), 글자 색(하양), 음영 색(멜론색), 가운데 정렬
❹ 글꼴(함초롬돋움), 글자 크기(13pt), 왼쪽 여백(20pt), 줄 간격(250%)
❺ 글꼴(함초롬돋움), 글자 크기(32pt), 진하게, 양각, 배분 정렬

부녀회 회원 모집 공고 ────❶

   관리사무소에서는 쾌적한 주거환경 조성과 입주민 상호간의 공동체 정서 함양 및 주민의 복리 증진을 위해 아래와 같이 부녀회원 모집을 공고합니다.
   우리 아파트의 발전을 위해 입주민 여러분들의 적극적인 참여를 부탁드립니다. ────❷

- 아　　래 - ────❸

접수기간 : 9월 1일 ~ 9월 15일 18시까지(15일간)

모집대상 : 우리 아파트에 주민등록이 되어 있는 여성

접수방법 : 관리사무소에 방문하여 신청서 작성(신분증 지참 요망) ────❹

접수문의 : 관리사무소(258-1234)

- 한 솔 관 리 사 무 소 장 - ────❺

산악회 모집 안내문 꾸미기

POINT

이번 강에서는 한글을 한자로 변환하는 방법,

키보드에 없는 특수 문자를 입력하는 방법,

반복되는 내용을 빠르게 복사하여 붙이는 방법에 대해 알아봅니다.

완성 화면

미리 보기

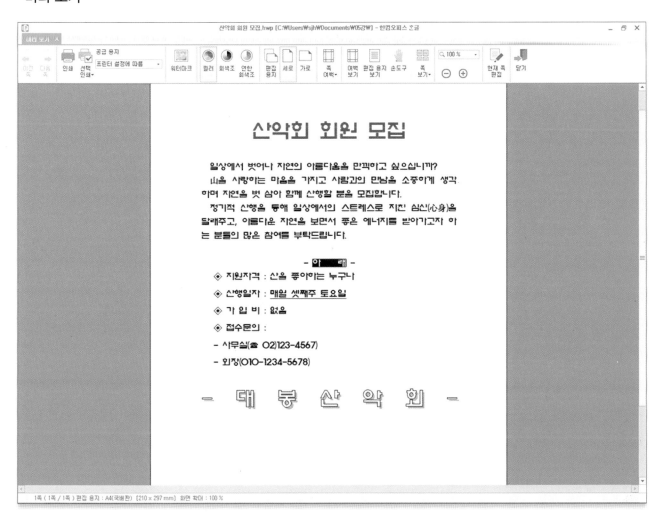

여기서 배워요! 한자 변환, 문자표 입력, 복사, 붙이기

1 ····· [서식] 도구 상자의 [불러오기](📁)를 클릭해 [5강] 폴더에서 [산악회 회원 모집.hwp] 파일을 불러옵니다. 한자를 입력하기 위해 '산' 글자 뒷부분을 클릭해 마우스 커서를 위치시킨 다음 키보드의 [한자]를 누릅니다.

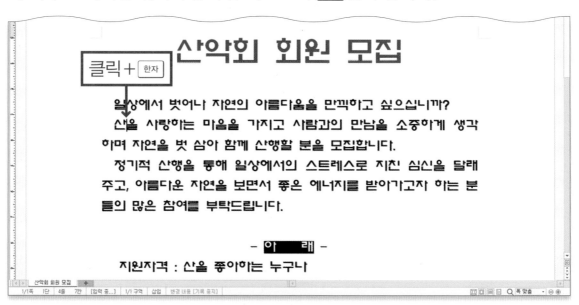

2 ····· '한자로 바꾸기' 대화 상자가 나타나면 '한자 목록'에서 변환할 한자인 [山]을 선택하고 '입력 형식'을 [漢字(R)]로 지정한 다음 [바꾸기] 버튼을 클릭합니다.

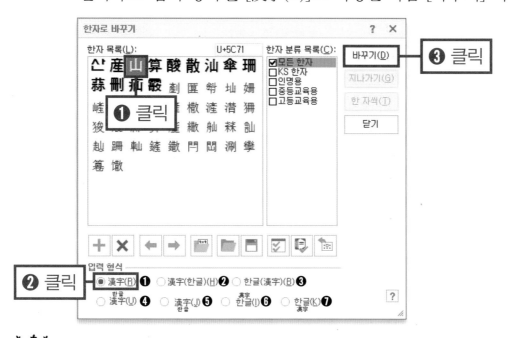

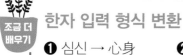 한자 입력 형식 변환

❶ 심신 → 心身   ❷ 심신 → 心身(심신)   ❸ 심신 → 심신(心身)

❹ 심신 → 心身(심신 밑)   ❺ 심신 → 心身(심신 밑)   ❻ 심신 → 심신(心身 위)   ❼ 심신 → 심신(心身 밑)

3 ..... 다시 한자를 입력하기 위해 '심신' 글자 뒷부분을 클릭하여 마우스 커서를 위치시킨 다음 [한자]를 누릅니다.

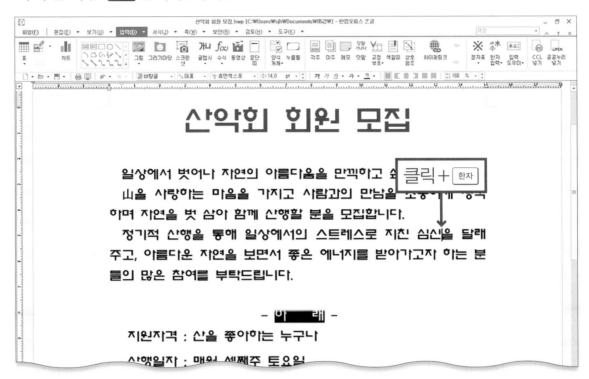

4 ..... '한자로 바꾸기' 대화 상자가 나타나면 '한자 목록'에서 변환할 한자인 [心身]을 선택하고 '입력 형식'을 [한글(漢字)(B)]로 지정한 다음 [바꾸기] 버튼을 클릭합니다. 한자로 바뀐 것을 확인합니다.

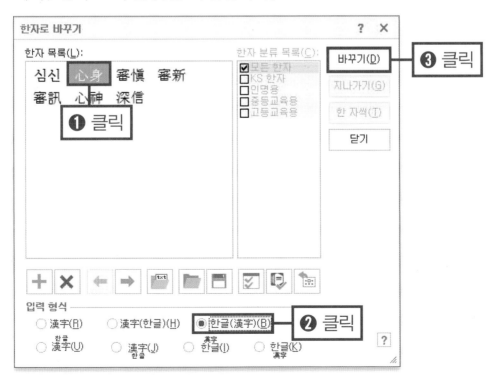

5 '사무실(' 뒷부분을 클릭하여 특수 문자를 삽입할 위치를 지정한 후 [편집] 탭-[문자표]-[문자표]를 차례대로 클릭합니다.

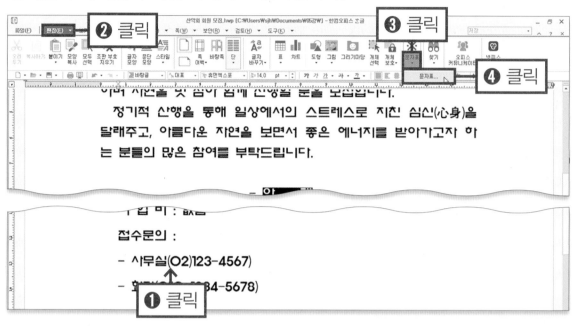

> **조금 더 배우기**   Ctrl+F10을 눌러도 '문자표 입력' 대화 상자가 나타납니다.

6 '문자표 입력' 대화 상자가 나타나면 [한글(HNC) 문자표] 탭을 클릭한 후 [전 각 기호(일반)]을 선택합니다. '문자 선택' 목록에서 스크롤 바를 상하로 움직 이며 [☎]를 찾아 선택한 다음 [넣기] 버튼을 클릭합니다. 이후 [Space Bar] 를 눌러 띄어쓰기를 한 칸 삽입합니다.

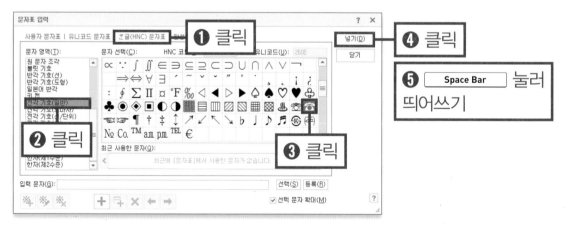

> **조금 더 배우기**
>
> [편집] 탭-[문자표]를 클릭하면 최근에 사용한 문자표가 목록으로 표시됩니다. 목록 중 원하는 기호를 클릭하면 문서에 바로 입력할 수 있습니다.

7 이번에는 '지원자격' 앞부분을 클릭한 후 [편집] 탭에서 [문자표]-[문자표]를 차례대로 클릭합니다. '분자표 입력' 대화 상자가 나타나면 [한글(HNC) 문자 표]-[전각 기호(일반)]에서 [◆]를 선택한 후 [넣기] 버튼을 클릭합니다.

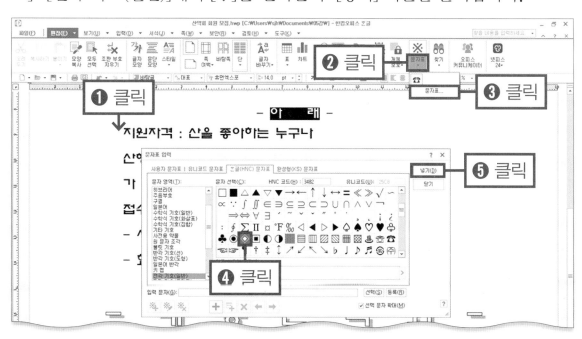

8 선택한 특수 문자가 입력된 것을 확인합니다. [Space Bar]를 눌러 띄어쓰기 를 한 칸 삽입합니다.

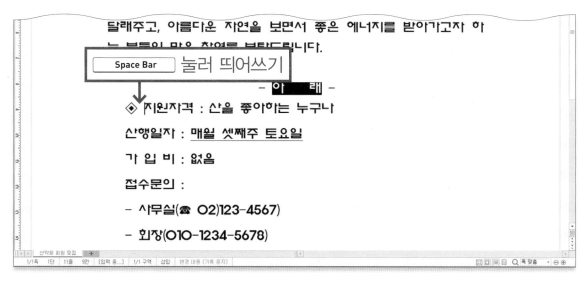

[문자표]를 이용하지 않고 특수 문자 입력하기

한글의 자음(ㄱ, ㄴ, ㄷ, ㄹ, …)을 입력한 후 [한자]를 누릅니다. '특수 문자로 바꾸기' 창이 나타나면 입력할 특수 문자를 선택한 후 [바꾸기]를 클릭합니다.

9 이번에는 '복사' 기능을 이용해 같은 모양의 특수 문자를 입력해 보겠습니다. 아래와 같이 특수 문자와 빈 칸을 블록 지정한 후 [편집] 탭에서 [복사하기]를 클릭합니다.

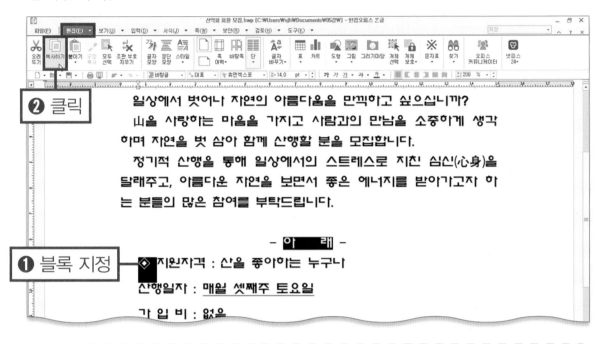

조금 더 배우기: 블록을 지정한 후 마우스 오른쪽 버튼을 누른 다음 [복사하기]를 클릭해도 됩니다.

10 특수 문자가 입력될 위치를 클릭하여 마우스 커서를 이동한 후 [붙이기]()를 클릭합니다.

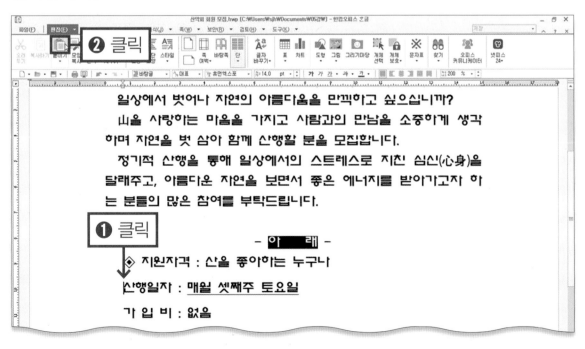

11 다시 한 번 아래 이미지와 같이 특수 문자가 입력될 곳을 클릭하여 마우스 커서를 이동시킨 다음 이번에는 마우스 오른쪽 버튼을 누른 후 [붙이기]를 클릭합니다.

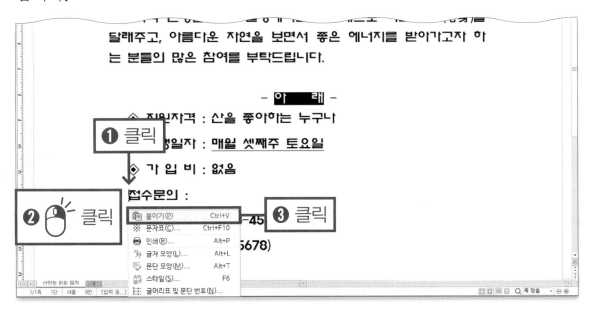

12 상황 선의 [쪽 맞춤](▤)을 클릭하여 문서 내용을 확인한 후 [서식] 도구 상자의 [저장하기](▤)를 클릭해 완성된 문서를 저장합니다.

혼자서도 만들 수 있어요!

1 [5강]의 '탁구동아리 회원 모집.hwp' 파일을 열어 한자와 특수 문자를 입력해 보세요.

✿ 탁구동아리 회원 모집 ✿

탁구 동아리 핑퐁에서는 탁구에 관심이 있는 사생들을 募集(모집)합니다.
탁구를 못쳐도 상관없습니다. 탁구를 배워보려는 마음만으로 충분합니다.
주말 저녁에 탁구를 치면서 건강(健康)도 챙기고, 사람들과도 어울릴 수 있는 기회를 가져 보
길 원하는 분은 언제든 문의 주시기 바랍니다.

✎ 모집인원 : 선착순 10명
✎ 신청자격 : 없음
✎ 정기모임 : 2, 4주 토요일 오후 2시~5시)
✎ 문의전화 : 회장 김길동(010-8520-0258)

- 탁구 동아리 핑퐁 -

HINT 특수 문자 입력할 곳 클릭 → [편집] 탭–[문자표]–[문자표] 클릭 → [유니코드 문자표]–[딩뱃 기호]
클릭 → 해당 문자표 선택 후 [넣기] 클릭 → 한자 입력할 곳 클릭 후 [한자] → 변환할 한자 선택 →
'입력 형식' 지정 후 [바꾸기] 클릭

2 [5강]의 '부녀회 회원 모집.hwp' 파일을 열어 한자와 특수 문자를 입력해 보세요.

부녀회 회원 모집 공고

관리사무소에서는 쾌적한 주거환경 조성과 입주민 상호간의 공동체 정서 함양 및
주민의 복리 증진을 위해 아래와 같이 부녀회원(婦女會員) 모집을 공고합니다.
우리 아파트의 발전을 위해 입주민 여러분들의 적극적인 참여를 부탁드립니다.

- 아   래 -

☞ 접수기간 : 9월 1일 ~ 9월 15일 18시까지(15일간)

☞ 모집대상 : 우리 아파트에 주민등록이 되어 있는 여성

☞ 접수방법 : 관리사무소에 방문하여 신청서 작성(신분증 지참 요망)

☞ 접수문의 : 관리사무소(☎ 258-1234)

HINT [입력]–[한자 입력]–[한자 단어 등록] 클릭 → '한글'에 '부녀회원' 입력 → [한자로] 클릭 후 해당 한
자 찾아 [바꾸기] 클릭 → [등록] 클릭 → 한자 입력할 곳 클릭 후 [한자] → 변환할 한자 선택 → '입력
형식' 지정 후 [바꾸기] 클릭 → 특수 문자 입력할 곳 클릭 → [편집] 탭–[문자표]–[문자표] 클릭 →
[한글(HNC) 문자표]–[전각 기호(일반)] 클릭 → 해당 문자표 선택 후 [넣기] 클릭

등산 코스 난이도 소개

POINT

인터넷의 자료를 한글로 가져와 편집하는 경우가 종종 있습니다.
이번 강에서는 인터넷의 자료 중 사진과 텍스트를 복사해서
한글에 붙이기 하는 방법에 대해 알아봅니다.

완성 화면
미리 보기

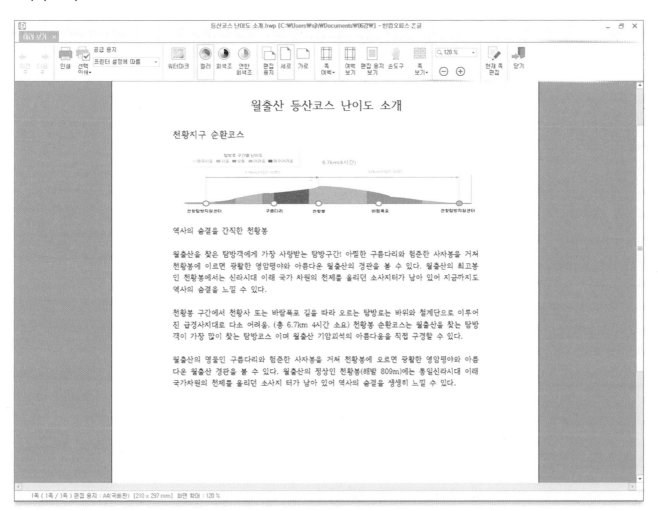

여기서
배워요! 복사, 붙이기, 원본 형식 유지, 텍스트 형식으로 붙이기

1 ····· 한글 2014 프로그램을 실행하고 빈 문서에 다음과 같은 내용을 입력합니다.

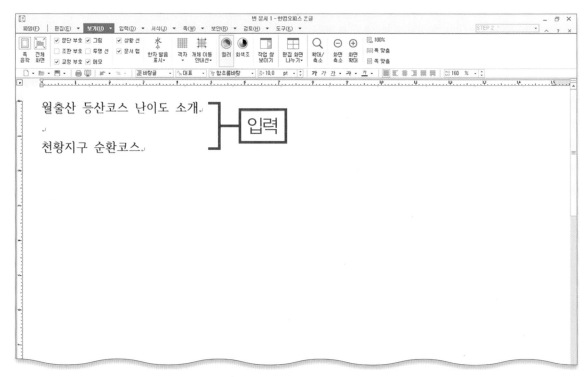

2 ····· 인터넷의 자료를 복사하기 위해 작업 표시줄의 [인터넷 익스플로러](🌐)를 클릭합니다. 주소 표시줄에 'www.naver.com'을 입력해 네이버 사이트에 접속한 후 검색 란에 '국립공원'이라고 입력한 다음 Enter↵를 누릅니다. 검색 결과에서 [국립공원공단]을 클릭합니다.

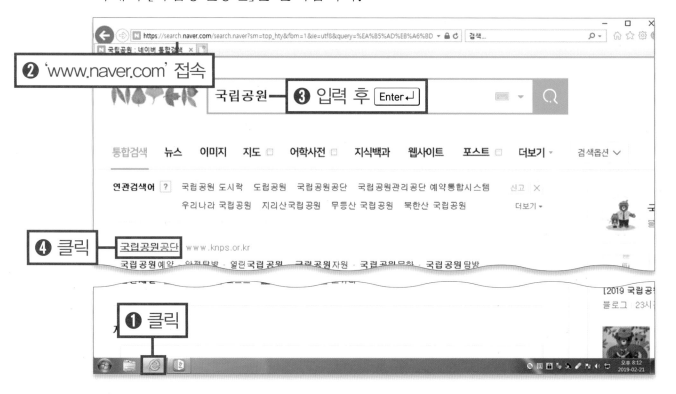

3 '국립공원공단' 사이트가 열리면 [국립공원탐방]-[월출산국립공원]을 차례대로 클릭합니다.

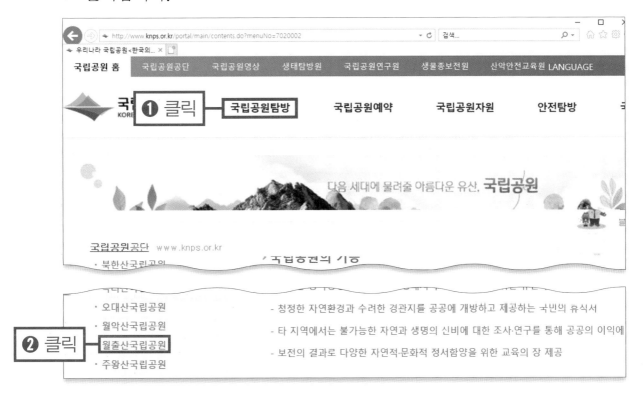

4 [코스별 난이도]를 선택한 다음 [천황지구 순환코스]를 찾아 클릭합니다.

5 한글 프로그램으로 옮겨 갈 그림 위에 마우스 오른쪽 버튼을 누른 다음 [복사]를 클릭합니다.

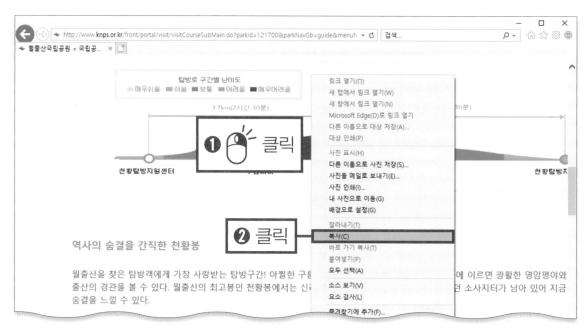

 사이트의 정보 보호를 위해 마우스 오른쪽 버튼의 사용을 제한해 놓은 경우도 있습니다.

6 작업 표시줄의 [한글 2014](🅷)를 클릭합니다. '천황지구 순환코스' 뒷부분을 클릭해 커서를 위치시킨 후 Enter↵를 눌러 커서를 아래로 내립니다. 이후 마우스 오른쪽 버튼을 누른 다음 [붙이기]를 클릭합니다.

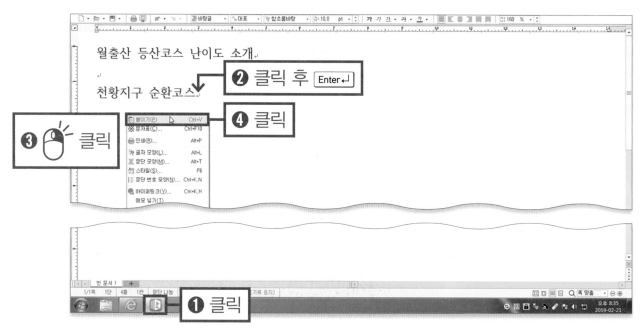

7 ...... 'HTML 문서 붙이기' 대화 상자가 나타나면 [원본 형식 유지]에 체크하고 [확인] 버튼을 클릭합니다.

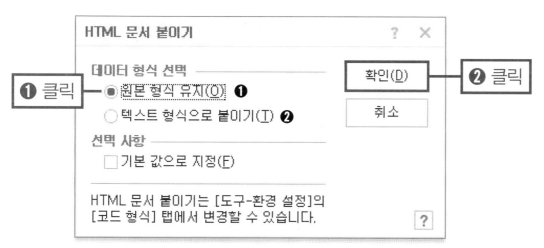

조금 더 배우기

'HTML 문서 붙이기' 대화 상자

❶ **원본 형식 유지** : 서식이나 하이퍼링크, 개체 등 복사한 인터넷 문서의 형식을 최대한 유지한 상태로 문서 편집 창에 붙여 넣습니다.

❷ **텍스트 형식으로 붙이기** : 복사한 인터넷 문서의 텍스트만을 문서 편집 창에 붙여 넣습니다.

8 ...... 인터넷의 그림이 한글 프로그램에 삽입된 것을 확인합니다.

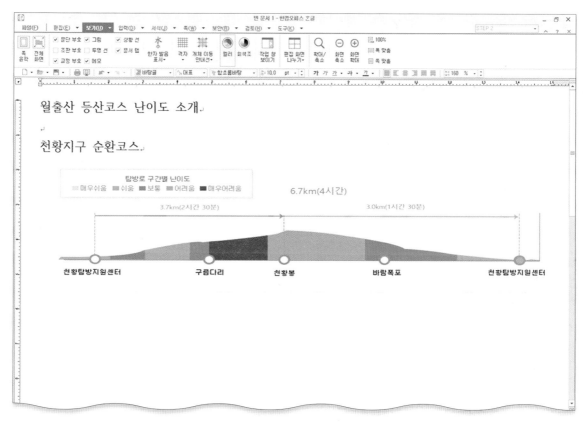

9 ⋯⋯ 작업 표시줄의 [인터넷 익스플로러]( )를 클릭하여 '국립공원공단' 사이트로
되돌아옵니다. 이번에는 텍스트 부분을 드래그하여 블록 지정한 다음 마우스
오른쪽 버튼을 눌러 [복사]를 클릭합니다.

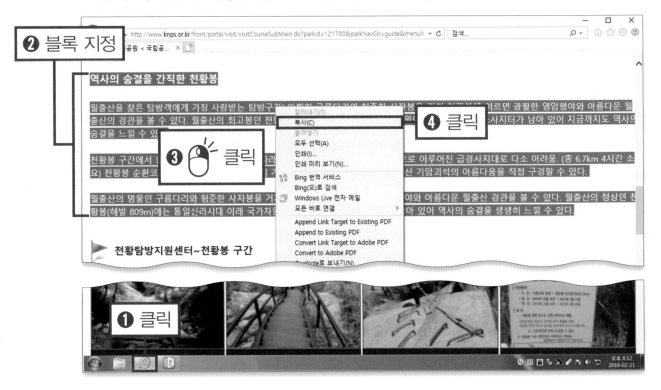

10 ⋯⋯ 작업 표시줄의 [한글 2014]( )를 클릭합니다. 그림 아래에 커서를 위치시킨
다음 마우스 오른쪽 버튼을 눌러 [붙이기]를 클릭합니다.

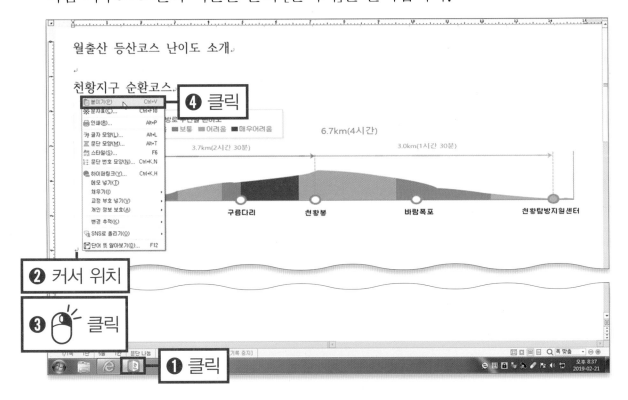

11 'HTML 문서 붙이기' 대화 상자가 나타나면 [텍스트 형식으로 붙이기]에 체크하고 [확인] 버튼을 클릭합니다.

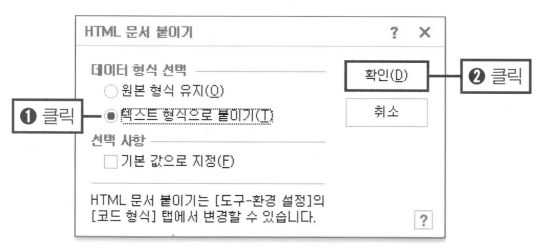

12 인터넷의 글이 한글 프로그램에 삽입된 것을 확인합니다.

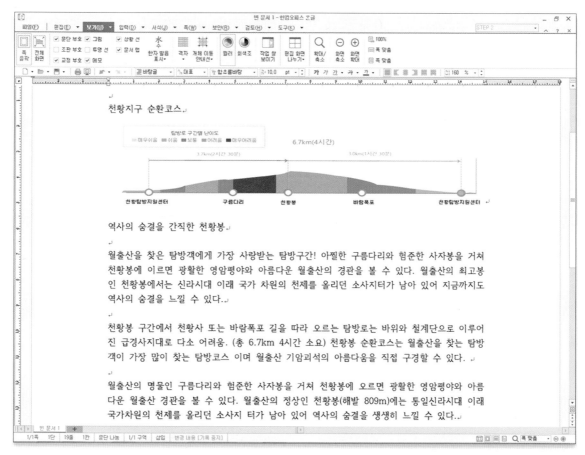

혼자서도 만들 수 있어요!

1 [6강]의 '한국의 산하.hwp' 파일을 불러온 후 '한국의 산하' 사이트에 접속하여 서울 지역의 가볼 만한 산의 목록을 복사해 한글 문서에 붙이기 해 보세요.

HINT 인터넷에서 '한국의 산하' 사이트에 접속 → 메뉴 중 [한국의 산하]–[지역별]–[서울]을 차례대로 클릭 → '관악산'에서 '청계산'까지 드래그 → 마우스 오른쪽 버튼 클릭하여 [복사] 선택 → 작업 표시줄의 [한글 2014] 아이콘 클릭 → 마우스 오른쪽 버튼 클릭하여 [붙이기] 선택 → [텍스트 형식으로 붙이기]에 체크하고 [확인] 클릭

2 [6강]의 '영실탐방로.hwp' 파일을 불러온 후 '한라산국립공원' 사이트에 접속하여 영실탐방로 그림을 복사해 한글 문서에 붙이기 해 보세요.

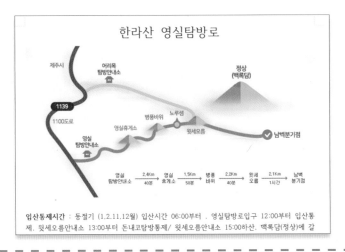

HINT 인터넷에서 '한라산국립공원' 사이트에 접속 → [탐방 안내] 클릭 → '영실탐방로'에서 [탐방로 자세히보기] 클릭 → 이미지 위에서 마우스 오른쪽 버튼 클릭하여 [복사] 선택 → 작업 표시줄의 [한글 2014] 아이콘 클릭 → '한라산 영실탐방로' 아래 클릭 → 마우스 오른쪽 버튼 클릭하여 [붙이기] 선택 → [원본 형식 유지]에 체크하고 [확인] 클릭

CHAPTER 07
정기 산행 안내문 만들기

POINT

문단의 첫 번째 글자를 두 줄이나 세 줄에 걸치도록 크게 만들어 장식 효과를
줄 수 있는 문단 첫 글자 장식에 대해 알아봅니다. 문단 번호와 글머리표를 이용하여
문단의 앞머리에 기호나 번호를 빠르게 삽입하는 방법에 대해서도 배워 봅니다.

완성 화면
미리 보기

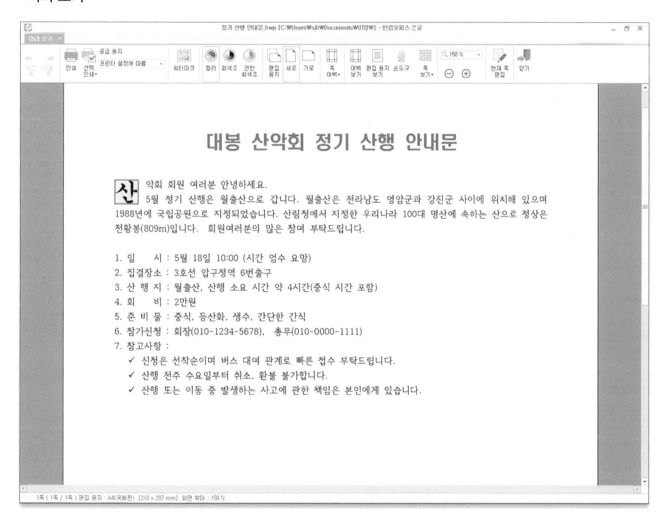

여기서
배워요! 문단 첫 글자 장식, 문단 번호, 글머리표

1 [서식] 도구 상자의 [불러오기](📁)를 클릭해 [7강] 폴더에서 [정기 산행 안내문.hwp] 파일을 불러옵니다. 첫째 줄을 드래그해 블록 지정한 다음 '글꼴'은 [HY헤드라인M], '글자 크기'는 [20pt], '글자 색'은 [초록]으로 지정하고 [가운데 정렬](☰)을 클릭하여 제목의 서식을 변경합니다.

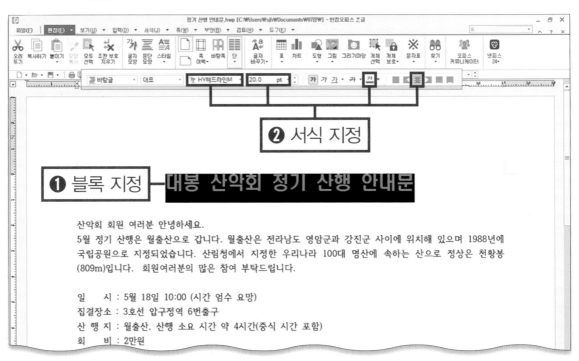

2 문단의 첫 글자인 '산' 뒷부분을 클릭해 커서를 위치시키고 [서식] 탭-[문단 첫 글자 장식](갼)을 차례대로 클릭합니다.

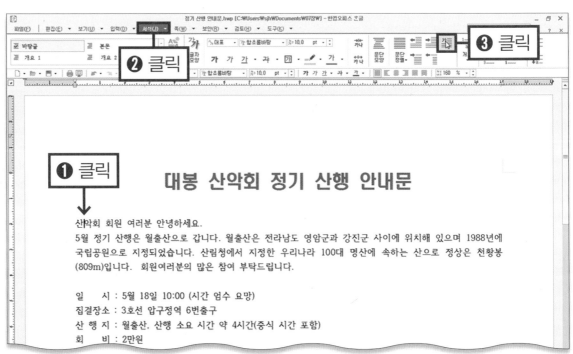

3 '문단 첫 글자 장식' 대화 상자가 나타나면 '모양'에서 [2줄](▤)을 클릭합니다. 이후 '글꼴'은 [궁서체], '선 종류'는 [실선], '면 색'은 [노랑]을 선택하고 [설정] 버튼을 클릭합니다.

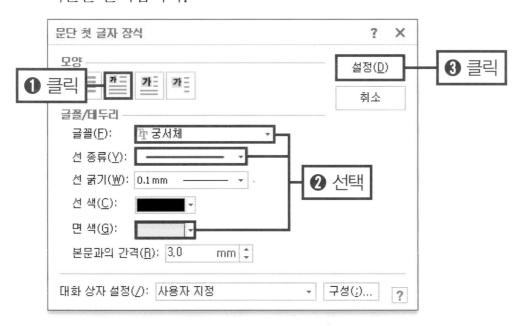

4 문단 첫 글자가 두 줄에 걸쳐 표시되고 지정한 서식으로 변경되었습니다.

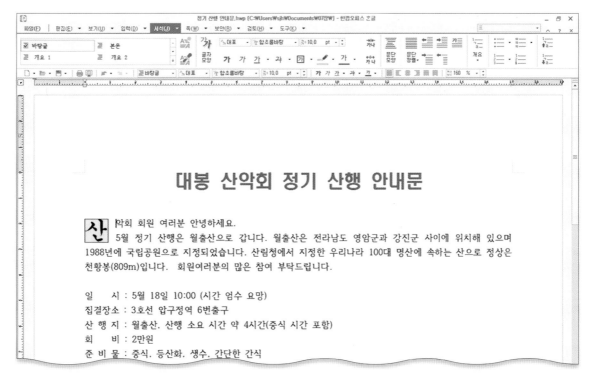

'문단 첫 글자 장식' 대화 상자에서 '모양'을 [없음](▤)으로 선택하고 [설정] 버튼을 클릭하면 [문단 첫 글자 장식]이 해제됩니다.

5 문단 번호를 삽입하기 위해 '일시'에서부터 '참고사항'까지 드래그해 블록 지정합니다.

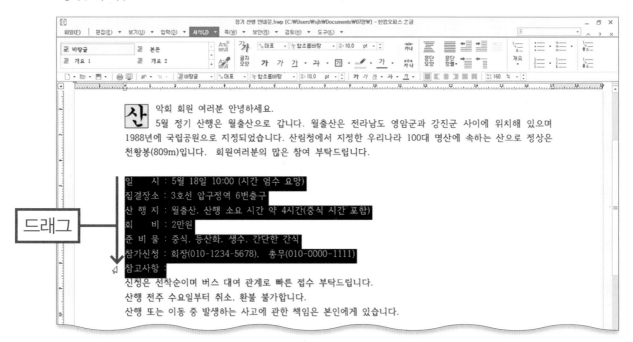

6 [서식] 탭에서 [문단 번호](📋)의 [펼침 단추](▼)를 클릭하여 목록에서 [1. 가. 1) 가) ⟨1⟩ ⟨가⟩ ①]을 선택합니다. 연속된 숫자로 문단 번호가 삽입된 것을 확인합니다.

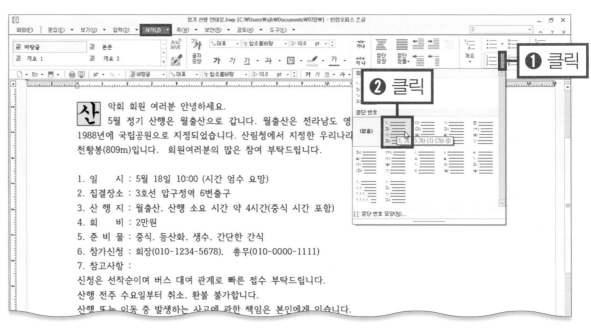

조금 더 배우기 문단 번호가 설정된 상태에서 [서식] 탭-[문단 번호](📋)의 그림 부분인 (📋)을 클릭하거나, [펼침 단추](▼)를 클릭하여 [없음]을 선택하면 입력된 문단 번호가 해제됩니다.

7 글머리표를 삽입하기 위해 '참고사항' 아래 세 줄을 드래그해 블록 지정한 다음 이번에는 [글머리표](目 ·)의 [펼침 단추](▾)를 클릭하여 (目)을 선택합니다.

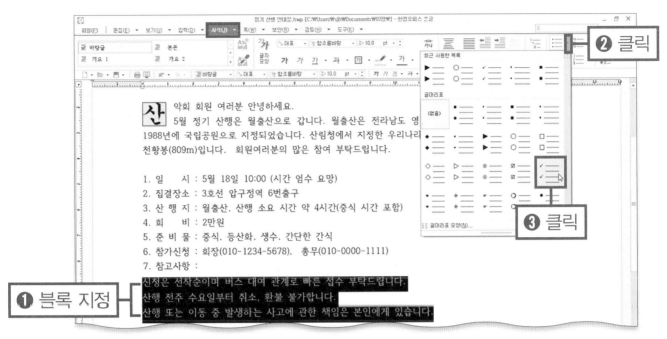

❶ 블록 지정
❷ 클릭
❸ 클릭

8 블록이 지정된 상태에서 [왼쪽 여백 늘리기](⬅目)를 열다섯 번 클릭합니다. 왼쪽 여백이 클릭한 만큼 '15pt' 늘어납니다. 문서의 여백 부분을 클릭해 블록을 해제하고 [서식] 도구 상자의 [저장하기](💾)를 클릭하여 완성된 문서를 저장합니다.

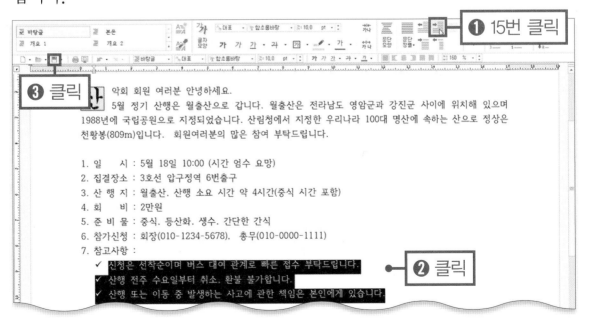

❶ 15번 클릭
❸ 클릭
❷ 클릭

조금 더 배우기 [왼쪽 여백 늘리기]를 클릭하는 대신 [서식] 탭–[문단 모양]을 클릭하여 '여백'의 '왼쪽'에 '15pt'를 입력하고 [설정] 버튼을 클릭해도 됩니다.

혼자서도 만들 수 있어요!

1 [7강]의 '국경일.hwp' 파일을 열어 문단 첫 글자 장식을 적용해 보세요.

국경일

국 가의 경사로운 날을 국경일로 정해 기념하는데 우리나라의 국경일에는 삼일절, 제헌절, 광복절, 개천절, 한글날이 있습니다. 국경일의 날짜는 아래와 같습니다.

- 아   래 -

3·1절: 3월 1일
제헌절: 7월 17일
광복절: 8월 15일
개천절: 10월 3일
한글날: 10월 9일

국경일이라고 반드시 공휴일인 것은 아닙니다. 제헌절은 대한민국 헌법이 제정된 것을 기념하는 날로 1949년부터 계속 국경일이자 공휴일이었지만, 2008년부터 공휴일에서 제외되었습니다. 공휴일은 아닐지라도 국경일에는 태극기를 게양하여 나라의 경사스런 날을 기념합시다.

 문단 첫 글자 장식을 할 문단에 커서를 위치시키고 [서식] 탭–[문단 첫 글자 장식] 클릭 → '모양'–[2줄], '선 종류'–[이중 실선], '선 색'–[빨강], '면 색'–[초록] 선택하고 [설정] 클릭

2 [7강]의 '레시피.hwp' 파일을 열어 문단 번호와 글머리표를 지정하고 여백 늘리기를 적용해 보세요.

달걀 샌드위치

■ 음식 재료 : 모닝 빵 6개, 달걀 5개, 오이1개, 양파 반개, 소금 1작은 술
■ 양념 재료 : 마요네즈 3큰 술, 허니 머스터드 2큰 술, 올리고당 1작은 술, 소금 약간, 후춧가루 약간
■ 조리 순서 :
  1. 달걀을 삶은 후 껍질을 깝니다.
  2. 달걀노른자와 흰자를 분리한 후, 노른자는 으깨고 흰자는 다집니다.
  3. 오이는 슬라이스한 후 뜨거운 물에 소금 1작은 술 넣고 10분간 절입니다.
  4. 양파는 잘게 다집니다.
  5. 절여놓은 오이의 물기를 짠 후 볼에 넣고 달걀, 양파와 양념 재료를 넣고 골고루 버무립니다.
  6. 모닝 빵을 끝부문을 남기고 반으로 잘라 속 재료를 넣어 샌드위치를 완성합니다.

 '음식 재료'부터 '조리 순서'까지 블록 지정 → [서식] 탭–[그림 글머리표]에서 글머리표 선택 → '달걀을'부터 '모닝 빵을'까지 블록 지정 → [서식] 탭–[문단 번호]에서 해당 문단 번호 선택 → 블록이 지정된 상태에서 [왼쪽 여백 늘리기] 열 번 클릭

등산 후기 만들기

문서에 그림을 삽입하면 시각적으로 돋보이게 하는 효과를 줄 수 있습니다.
이번 강에서는 문서에 그림을 삽입하는 방법, 그림에서 불필요한 부분을 잘라내는 방법
및 그림에 다양한 효과를 적용하는 방법에 대해 알아봅니다.

완성 화면
미리 보기

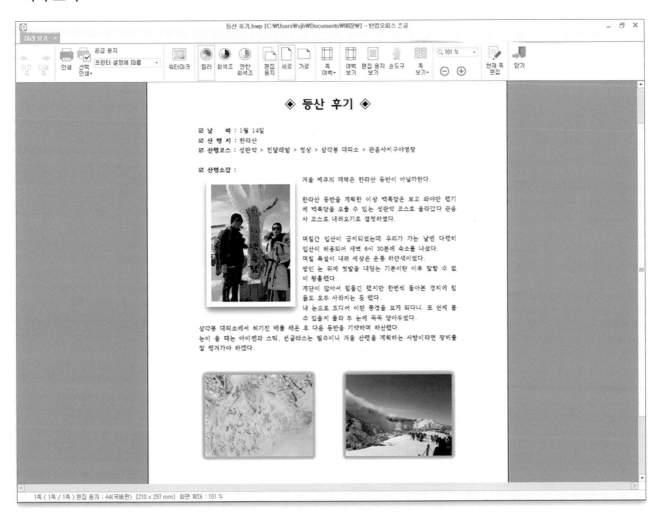

여기서
배워요! 그림 삽입하기, 그림 자르기, 그림 효과 적용하기

1 [서식] 도구 상자의 [불러오기](📁)를 클릭해 [8강] 폴더에서 [등산 후기.hwp] 파일을 불러옵니다. 문서에 그림을 넣기 위해 [입력] 탭-[그림](🖼)을 클릭합니다.

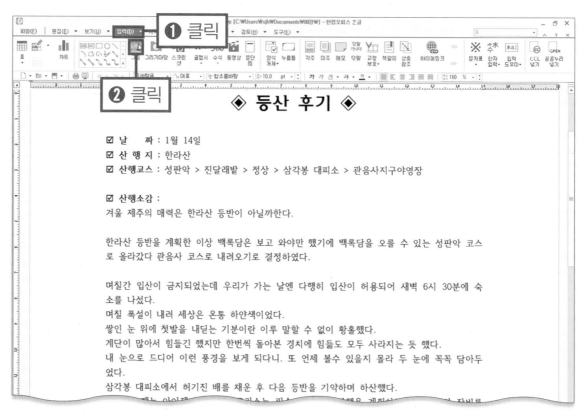

2 '그림 넣기' 대화 상자가 나타나면 [8강] 폴더에서 [한라산1.jpg]를 클릭한 후 아래의 선택 목록에서 [문서에 포함]과 [마우스로 크기 지정]을 각각 클릭해 체크 표시한 다음 [넣기] 버튼을 클릭합니다.

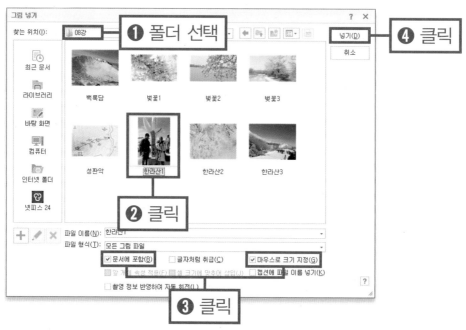

3 마우스 포인터가 (田) 모양으로 바뀌면 그림을 넣을 크기만큼 드래그합니다. 문서에 그림이 삽입됩니다.

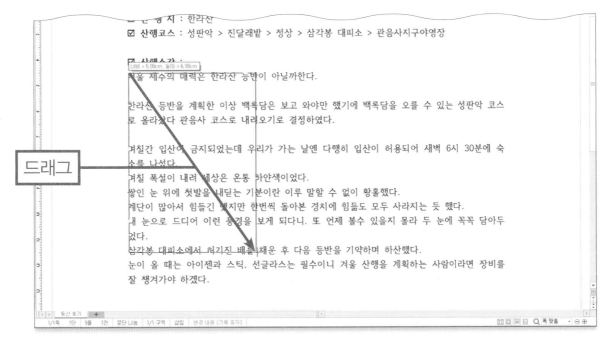

4 그림이 삽입되면 '그림'이라는 새로운 메뉴 탭이 나타납니다. 같은 방법으로 [입력] 탭-[그림](🖼)을 클릭하여 [한라산2.jpg] 파일을 선택하고 [넣기] 버튼을 클릭한 후 문서의 아래쪽에 드래그하여 삽입합니다. [한라산3.jpg] 파일도 동일한 방법으로 삽입합니다.

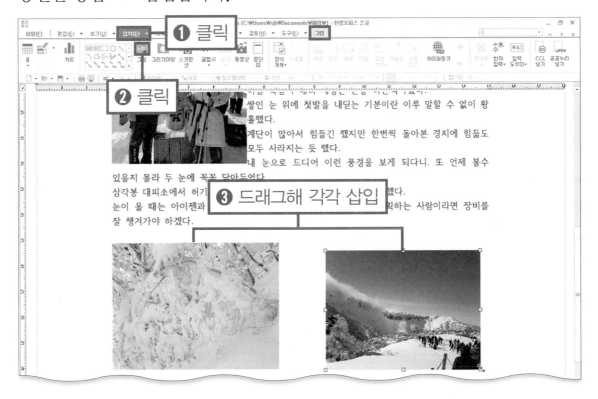

• 그림 이동하기

그림을 선택한 후 그림 위에 마우스 포인터를 두면 마우스 포인터가 [십자가 화살표](⊕) 모양으로 바뀝니다. 이 상태에서 마우스를 드래그하면 그림을 이동할 수 있습니다.

• 그림 크기 조절하기

그림을 선택하면 테두리에 8개의 크기 조절점인 (□)가 표시됩니다. (□)에 마우스 포인터를 올리면 마우스 포인터가 [양방향 화살표](↘) 모양으로 바뀝니다. 이 상태에서 마우스를 드래그하면 그림의 크기를 늘리거나 줄일 수 있습니다.

STEP 2 그림 자르기

5 그림에서 필요 없는 부분을 자르기 위해 [한라산1.jpg]를 클릭한 후 [그림] 탭에서 [자르기]를 클릭합니다.

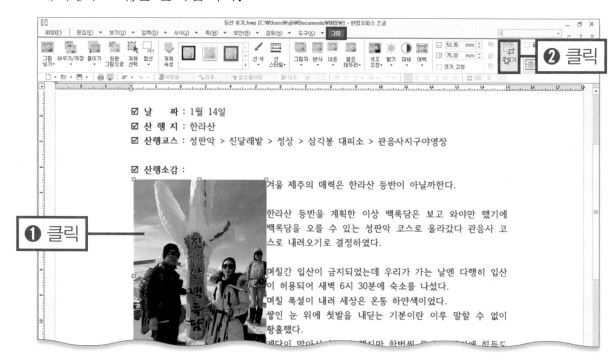

6 ..... 조절점이 검은 선으로 바뀌면 오른쪽 상단의 [조절점](ㄱ)을 안쪽으로 드래그하여 불필요한 부분을 잘라냅니다. 완료되면 문서의 다른 부분을 클릭하여 자르기 상태를 해제합니다.

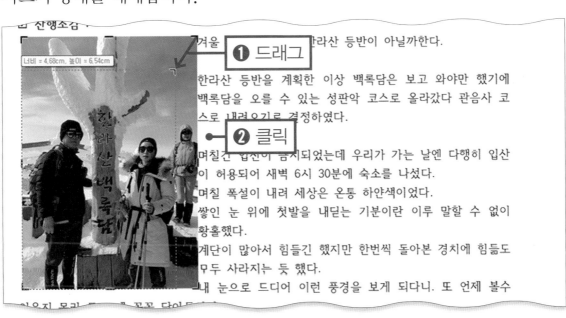

 그림을 선택하고 Shift 를 누른 상태에서 [조절점](□)에 마우스를 가져가면 마우스 모양이 자르기 상태로 바뀌게 되므로 메뉴를 이용하지 않고 그림을 자를 수 있습니다.

STEP 3 **그림 편집하기**

7 ..... 다시 한 번 [한라산1.jpg]를 클릭한 후 [그림] 탭에서 '스타일 효과'의 [자세히](▾)를 클릭합니다.

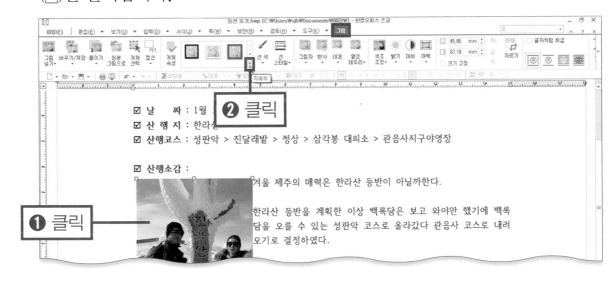

8 '스타일 효과' 목록에서 [회색 아래쪽 그림자]() 효과를 클릭합니다. 선택한 그림에 스타일 효과가 적용됩니다. 그림 이외의 바깥 부분을 클릭하여 그림 선택을 해제합니다.

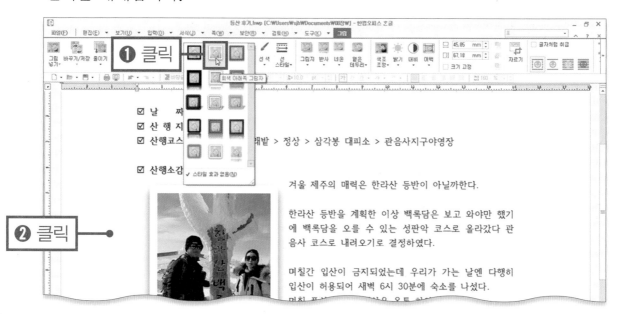

> 그림이 선택된 상태에서 '스타일 효과'의 [자세히](▾)를 클릭한 후 [스타일 효과 없음]을 클릭하면 적용된 스타일 효과가 해제됩니다.

9 그림의 크기를 같게 만들기 위해 Shift를 누른 상태로 [한라산2.jpg], [한라산3.jpg] 그림을 각각 클릭하여 선택합니다. [그림] 탭에서 [너비/높이를 같게](▣)를 클릭합니다. 마지막에 선택한 그림의 크기에 맞춰 두 그림의 크기가 같아집니다.

10 그림 두 개가 선택된 상태로 [그림] 탭에서 [맞춤]을 클릭한 후 [위쪽 맞춤]을 선택합니다. 마지막에 선택한 그림을 기준으로 위쪽 정렬됩니다.

11 이번에는 [네온]을 클릭한 후 [강조 색 1, 10pt] 효과를 클릭합니다. 선택한 그림에 네온 효과가 적용된 것을 확인합니다. [서식] 도구 상자에서 [저장하기] (💾)를 클릭해 완성된 문서를 저장합니다.

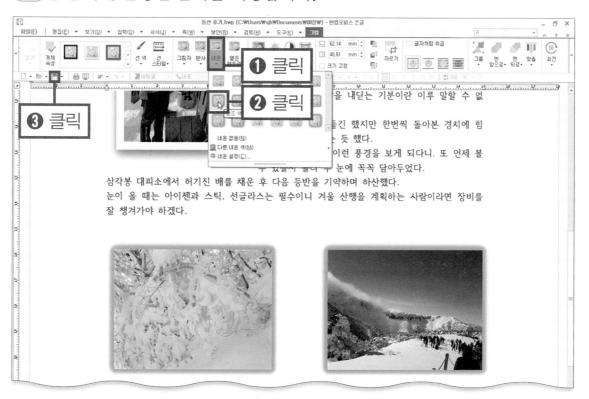

조금 더 배우기

[그림] 탭-[네온]-[네온 없음]을 선택하면 지정한 네온 효과가 해제됩니다.

혼자서도 만들 수 있어요!

1 [8강]의 '성판악 탐방로.hwp' 파일을 불러온 후 '백록담.jpg'와 '성판악.jpg' 파일을 삽입하고 다음과 같이 효과를 지정해 보세요.

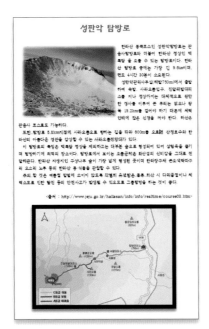

HINT
- 백록담.jpg : [그림] 탭–[옅은 테두리]–[10pt] 클릭
- 성판악.jpg : [그림] 탭–'스타일 효과'의 [자세히] 버튼 클릭 → [검은색 아래쪽 그림자] 클릭

2 [8강]의 '벚꽃 피는 날.hwp' 파일을 열어 그림 파일인 '벚꽃1.jpg', '벚꽃2.jpg', '벚꽃3.jpg' 파일을 삽입하고 다음과 같이 효과를 지정해 보세요.

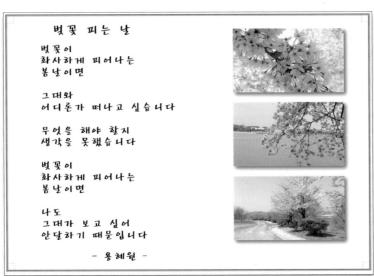

HINT 그림 삽입 후 Shift 를 누른 상태로 [벚꽃1], [벚꽃2], [벚꽃3] 그림을 모두 선택 → [그림] 탭–[너비/높이를 같게] 클릭 → [맞춤]–[오른쪽 맞춤], [세로 간격을 동일하게] 클릭 → [그림자]–[대각선 오른쪽 아래] 클릭

등산 코스 만들기

POINT

이번 강에서는 배경 그림을 삽입한 후 배경 그림 위에 도형을 삽입하여
도형 모양을 변경하는 방법에 대해 알아봅니다. 그림과 도형이 하나의 개체처럼 동시에
이동할 수 있도록 개체 묶기 방법에 대해서도 배워 봅니다.

완성 화면

미리 보기

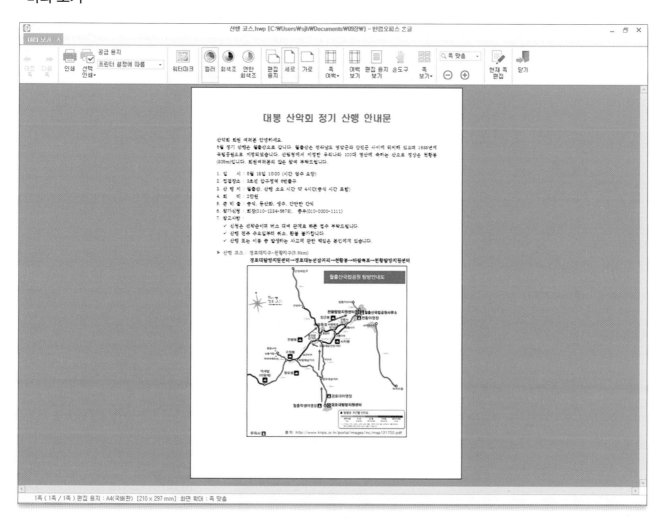

**여기서
배워요!** 그림 삽입, 도형 삽입, 개체 선택, 개체 묶기

1 ····· [서식] 도구 상자에서 [불러오기]( )를 클릭해 [9강] 폴더에서 [산행 코스.hwp] 파일을 불러옵니다. 문서에 그림을 삽입하기 위해 [입력] 탭-[그림]( )을 클릭합니다. '그림 넣기' 대화 상자가 나타나면 [9강] 폴더에 있는 [월출산.jpg] 파일을 선택한 후 [넣기] 버튼을 클릭합니다.

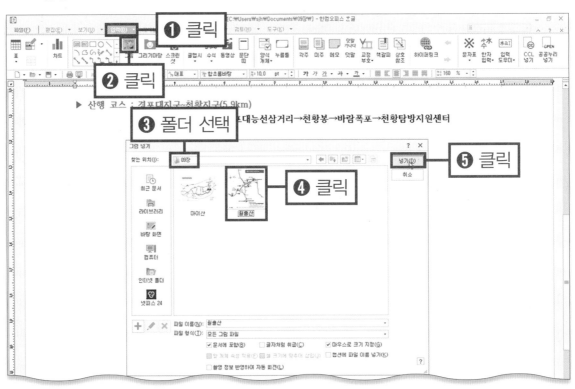

2 ····· '산행 코스' 글 아래쪽에 마우스로 드래그하여 그림을 삽입한 후 [조절점]( )을 드래그하여 그림의 크기를 적당히 조절합니다.

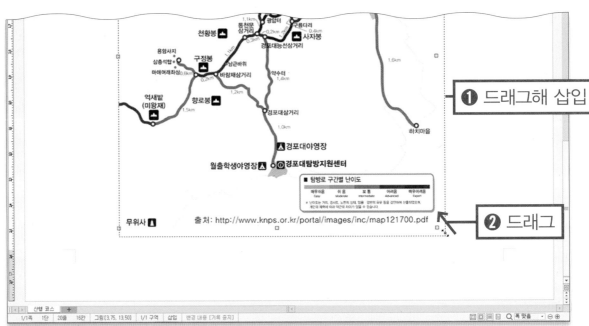

3 그림이 선택된 상태로 [그림] 탭에서 [글자처럼 취급]에 체크 표시합니다. 이후 [선 색]을 클릭한 다음 색상 팔레트에서 [검정]을 선택합니다.

STEP 2 도형 삽입하기

4 선을 그려 넣기 위해 [입력] 탭을 클릭한 후 '개체 모음'에서 [직선](◻)을 클릭합니다.

5 ..... 마우스 포인터가 (⊕) 모양으로 변경되면 '경포대탐방지원센터'에서 시작하여 '경포대삼거리' 쪽 방향으로 드래그합니다. 아래 이미지와 같이 길이를 늘린 후 마우스를 놓습니다. 직선이 삽입됩니다.

6 ..... 다시 한 번 [도형] 탭의 '개체 모음'에서 [직선](◺)을 클릭하여 아래 이미지와 같이 '경포대삼거리'에서 '경포대능선삼거리', '경포대능선삼거리'에서 '통천문삼거리', '천황봉'에서 '바람폭포', '바람폭포'에서 '천황탐방지원센터' 방향으로 직선을 추가로 드래그하여 삽입합니다.

 [입력] 탭 또는 [도형] 탭의 '개체 모음'에서 [직선](◺)을 더블 클릭하면 연속해서 직선을 삽입할 수 있습니다. 삽입을 완료한 후에는 Esc를 눌러 삽입 상태를 해제합니다.

7 삽입한 선의 모양을 바꾸기 위해 Shift 를 누른 상태로 선 위에 마우스를 올려놓고 포인터가 (🖱) 모양이 되었을 때 각각 클릭하여 선을 모두 선택합니다. 이후 [도형] 탭에서 [개체 속성]을 클릭합니다.

• 배경 그림은 선택하지 않도록 주의합니다. 만약 배경 그림이 선택됐을 경우 다시 한 번 배경 그림을 클릭하여 선택을 취소합니다.
• 선을 선택한 상태는 (▭━━━━━▭) 처럼 양쪽 끝에 (▭) 모양이 나타납니다.

8 '개체 속성' 대화 상자가 나타나면 [선] 탭을 클릭한 후 '선' 항목에서 '색'은 [빨강], '굵기'는 [0.7mm], '화살표' 항목에서 '끝 모양'은 [화살표](━━▶), '끝 크기'는 [작은 폭 작은 높이](━━▶)를 선택한 다음 [설정] 버튼을 클릭합니다. 선택한 직선이 화살표 모양으로 변경됩니다.

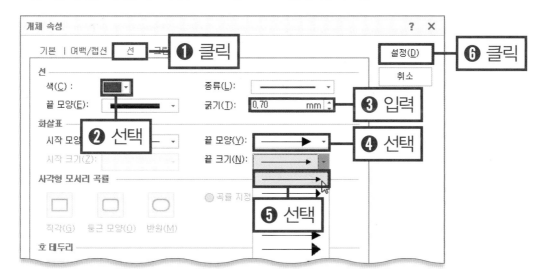

9 상황 선에서 축소 단추인 [축소](⊖)를 클릭하여 배경 그림 전체가 보이도록 합니다. [편집] 탭-[개체 선택]을 클릭한 후 마우스 포인터가 (◇) 모양으로 바뀌면 마우스를 배경 그림과 도형이 모두 포함될 수 있도록 크게 드래그하여 선택합니다.

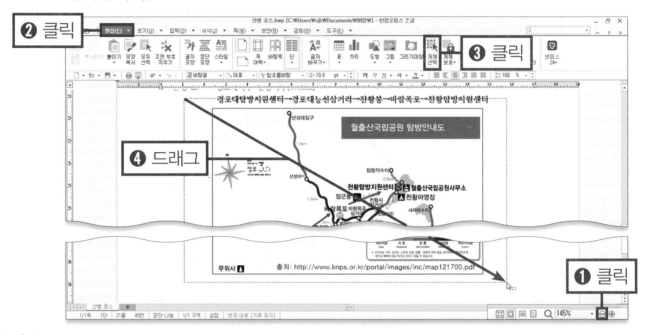

> **조금 더 배우기** 마우스를 드래그할 때 점선 사각형 안에 개체들이 모두 포함되도록 드래그해야 합니다. 일부분이라도 점선 사각형 밖에 위치한 개체들은 선택되지 않으니 주의합니다.

10 선택한 개체들을 하나의 개체로 만들기 위해 [도형] 탭에서 [그룹]-[개체 묶기]를 차례대로 클릭합니다. '개체 묶기' 대화 상자가 나타나면 [실행] 버튼을 클릭합니다. 선택한 개체들이 하나의 개체로 묶인 것을 확인합니다. [서식] 도구 상자의 [저장하기](💾)를 클릭해 완성된 문서를 저장합니다.

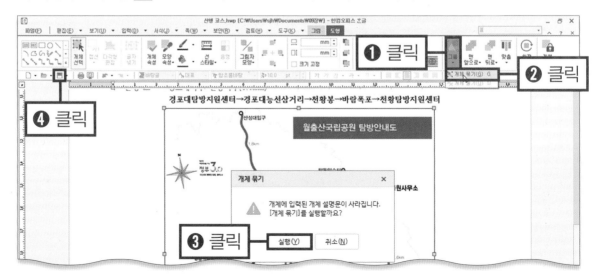

혼자서도 만들 수 있어요!

 1 [9강]의 '마이산 산행.hwp' 파일을 열어 다음과 같이 선을 삽입한 뒤 선의 모양을 변경해 보세요.

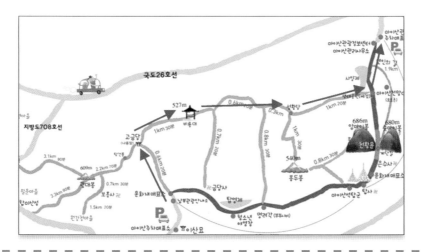

 HINT 선 삽입 후 [도형] 탭–[개체 속성] 클릭 → [선] 탭 클릭 → '색'–[파랑], '굵기'–[0.5mm], '끝 모양'–[화살표] 선택하고 [설정] 클릭

 2 [9강]의 '가야산 산행.hwp' 파일을 열어 자유선을 입력한 뒤 선의 모양을 변경해 보세요.

HINT [입력] 탭–[자유선]( ) 클릭 → '소리길탐방지원센터'에서 '영산교'까지 길을 따라 드래그 → [도형] 탭–[개체 속성] 클릭 → [선] 탭 클릭 → '색'–[파랑], '굵기'–[0.7mm], '시작 모양'–[화살표], '끝 모양'–[화살표] 선택하고 [설정] 클릭

회원 명단 표 작성하기

한글에서 표를 이용하면 복잡한 내용을 깔끔하고 보기 편하게 정리할 수 있습니다.
여기서는 한글 2014의 표 기능을 이용해 표를 삽입하고 크기를 조절한 뒤
내용을 입력하는 방법에 대해 알아봅니다.

완성 화면

미리 보기

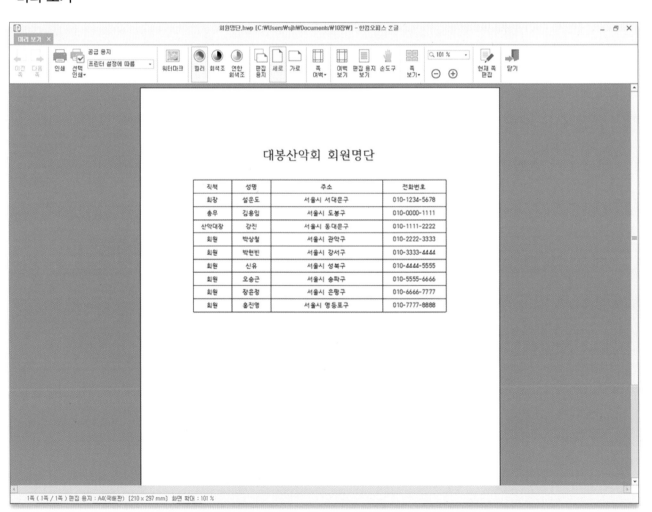

여기서 배워요!

표 삽입, 표 블록 지정, 표 크기 조절

1 표는 줄(행)과 칸(열)으로 구성되며, 줄과 칸이 만나서 이루어진 사각형을 셀이라고 부릅니다. 줄(행)은 가로 방향의 줄이고, 칸(열)은 세로 방향의 줄을 나타냅니다.

칸(열)

직책	성명	주소	전화번호
회장	설운도	서울시 서대문구	010-1234-5678
총무	김용임	서울시 도봉구	010-0000-1111
산악대장	강진	서울시 동대문구	010-1111-2222
회원	박상철	서울시 관악구	010-2222-3333
회원	박현빈	서울시 강서구	010-3333-4444
회원	신유	서울시 성북구	010-4444-5555

줄(행)

셀

▲ 7줄 4칸 표

2 [서식] 도구 상자의 [불러오기](📁)를 클릭해 [10강] 폴더에서 [회원명단.hwp] 파일을 불러옵니다. 표를 만들기 위해 커서를 표가 입력될 곳에 두고 [입력] 탭-[표](📋)를 차례대로 클릭합니다.

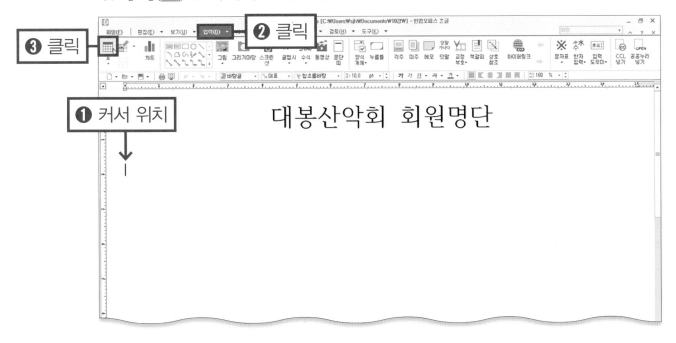

❸ 클릭 ❷ 클릭

❶ 커서 위치

대봉산악회 회원명단

3 '표 만들기' 대화 상자가 나타나면 '줄 수'는 '10', '칸 수'는 '4'를 입력하고 [글자 처럼 취급]에 체크 표시한 후 [만들기] 버튼을 클릭합니다.

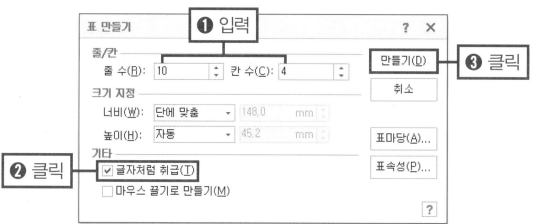

4 10줄 × 4칸의 표가 만들어지고 자동으로 첫째 칸에 커서가 위치합니다.

 표를 삽입하는 다른 방법

[입력] 탭-[표]의 [펼침 단추](▼)를 누르면 바둑판 모양의 표 상자가 나타 납니다. 여기서 마우스를 드래그하여 삽입할 줄 수와 칸 수의 위치에 놓은 후 클릭하면 표가 삽입됩니다.

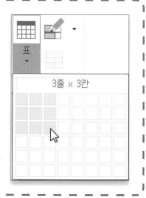

5 [오른쪽 방향키]($\rightarrow$) 또는 [Tab ⇄]을 눌러 칸을 이동하거나 마우스로 클릭하여 이동하면서 첫 번째 줄에 아래와 같이 내용을 입력합니다.

표를 삭제하려면 표의 경계선에 마우스를 갖다댄 다음 포인터의 모양이 (🔖) 일 때 클릭한 후 [Delete]를 누릅니다.

STEP 3 표 크기 조절하기

6 칸의 너비를 조절하기 위해 마우스 커서를 칸 경계선 위에 위치시킵니다. 마우스 포인터가 (↔) 모양으로 바뀌면 조절하고자 하는 방향으로 드래그합니다.

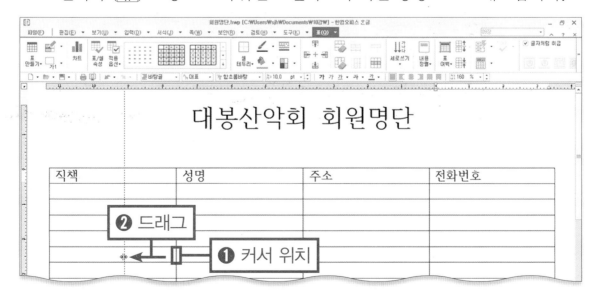

마우스 포인터를 셀 경계선 위에 놓으면 마우스 포인터 모양이 (↔) 또는 (↕)으로 바뀝니다. 이때 원하는 방향으로 드래그하면 셀의 너비나 높이를 조절할 수 있습니다.

7 ⋯⋯ 같은 방법으로 나머지 셀도 아래 이미지와 같이 너비를 조절합니다.

8 ⋯⋯ 셀의 높이를 한 번에 모두 조절하기 위해 첫 셀부터 마지막 셀까지 드래그하여 표 전체를 블록 지정합니다.

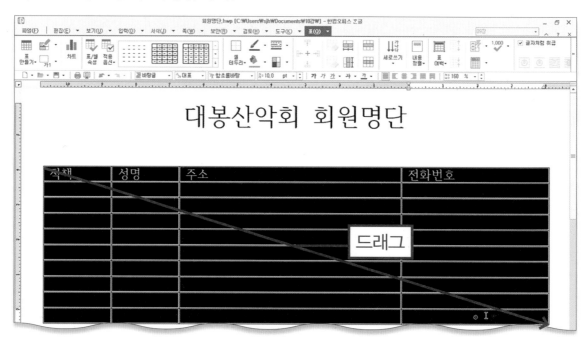

조금 더 배우기

셀 블록 지정하기

• **마우스로 블록 지정하는 방법** : 블록 지정할 셀을 마우스 왼쪽 버튼을 누르고 드래그하거나 [Ctrl] 을 누른 채 마우스 왼쪽 버튼을 클릭

• **[F5]로 셀 블록 지정하는 방법**
  – 하나의 셀 : [F5] 한 번 누르기
  – 여러 개의 셀 : [F5] 두 번 누른 후 방향키([←], [→], [↑], [↓])
  – 표 전체 : [F5] 세 번 누르기

9 ····· Ctrl을 누른 상태에서 [아래쪽 방향키](↓)를 세 번 누릅니다. 표의 높이가 늘어난 것을 확인합니다. [서식] 도구 상자에서 '글꼴'을 [함초롬돋움]으로 선택하고 [가운데 정렬](≡)을 클릭합니다.

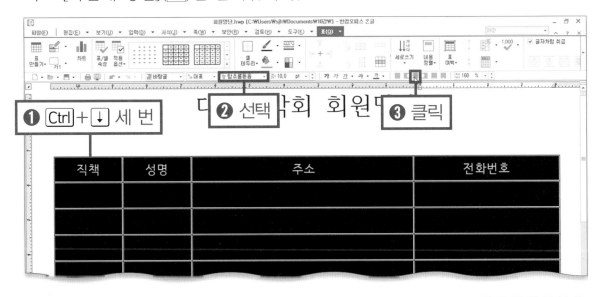

 조금 더 배우기 키보드로 셀의 너비나 높이를 조절하고 싶을 때는 크기 조절을 원하는 셀을 블록 지정한 다음 Ctrl 을 누른 상태로 키보드의 방향키(↓, ↑, →, ←)를 누르면 됩니다.

10 ····· Esc를 눌러 블록을 해제한 후 표 안에 아래의 이미지와 같이 내용을 입력합니다. [서식] 도구 상자의 [저장하기](🖫)를 클릭해 완성된 문서를 저장합니다.

직책	성명	주소	전화번호
회장	설운도	서울시 서대문구	010-1234-5678
총무	김용임	서울시 도봉구	010-0000-1111
산악대장	강진	서울시 동대문구	010-1111-2222
회원	박상철	서울시 관악구	010-2222-3333
회원	박현빈	서울시 강서구	010-3333-4444
회원	신유	서울시 성북구	010-4444-5555
회원	오승근	서울시 송파구	010-5555-6666
회원	장윤정	서울시 은평구	010-6666-7777
회원	홍진영	서울시 영등포구	010-7777-8888

❶ Esc
❷ 내용 입력

혼자서도 만들 수 있어요!

1 다음과 같은 문서를 작성하고 '문화센터 접수.hwp' 파일로 저장해 보세요.

문화센터 겨울 학기 접수 안내

과정명	정원	강사명	강의 요일	강의료	비고
다이어트 댄스	20명	이무용	매주 화	30,000원	준비물:운동화
가요교실	30명	박노래	매주 수,금	60,000원	
동화구연	10명	최동화	매주 월	50,000원	
우쿨렐라	10명	정악기	매주 목	50,000원	개인악기 지참

HINT 제목 입력(18pt, 가운데 정렬)하고 Enter↵ → 5줄 × 6칸의 표 삽입 → 표의 크기 조절 → 내용 입력 → 표 전체 블록 지정 후 [가운데 정렬] → 저장하기

2 다음과 같이 문서를 작성하고 '정기 산행 안내문.hwp' 파일로 저장해 보세요.

5월 정기 산행 안내문

일시	5월 18일 10:00
집결장소	3호선 압구정역 6번출구
산행지	월출산
회비	2만원
준비물	중식, 등산화, 아이젠, 장갑, 생수, 간단한 간식
참가신청	총무 김용임(010-0000-1111)

HINT 제목 입력(휴먼옛체, 20pt, 가운데 정렬)하고 Enter↵ → 6줄 × 2칸의 표 삽입 → 표의 크기 조절 → 내용 입력 → 표 전체 블록 지정 후 글자 서식(휴먼옛체, 11pt) 변경 → 첫 번째 칸 블록 지정 후 색 (파랑) 변경 → 저장하기

회원 명단 표 꾸미기

POINT

줄/칸 추가하기, 줄/칸 지우기를 통해 이미 만들어진 표에
줄이나 칸을 추가하거나 불필요한 줄이나 칸을 삭제하는 방법과
테두리와 배경 색을 지정해 셀을 눈에 띄게 강조하는 방법을 알아봅니다.

완성 화면
미리 보기

번호	직책	성명	주소	전화번호
1	회장	설운도	서울시 서대문구	010-1234-5678
2	총무	김용임	서울시 도봉구	010-0000-1111
3	산악대장	강진	서울시 동대문구	010-1111-2222
4	회원	박상철	서울시 관악구	010-2222-3333
5	회원	박현빈	서울시 강서구	010-3333-4444
6	회원	신유	서울시 성북구	010-4444-5555
7	회원	오승근	서울시 송파구	010-5555-6666
8	회원	장윤정	서울시 은평구	010-6666-7777
9	회원	홍진영	서울시 영등포구	010-7777-8888

대봉산악회 회원명단

여기서 배워요!

줄/칸 추가하기, 줄/칸 지우기, 셀 배경 색 지정하기, 셀 테두리 지정하기

STEP 1 줄/칸 추가 및 지우기

1 ...... [서식] 도구 상자의 [불러오기](📁)를 클릭해 [11강] 폴더에서 [회원명단.hwp] 파일을 불러옵니다. 셀 맨 아래에 줄을 추가하기 위해 커서를 제일 아래 줄의 첫 번째 셀에 위치시키고 [표] 탭-[아래에 줄 추가하기](⬇️)를 클릭합니다.

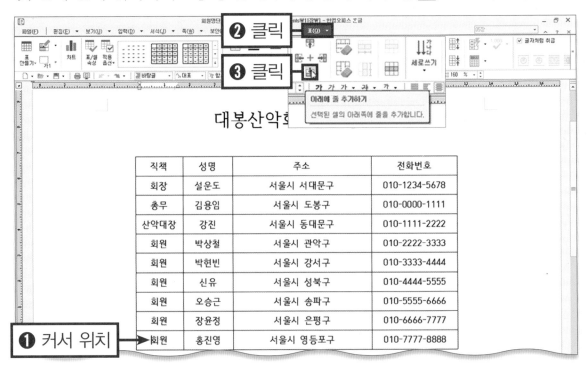

2 ...... 커서를 둔 셀 아래에 줄이 하나 추가됩니다.

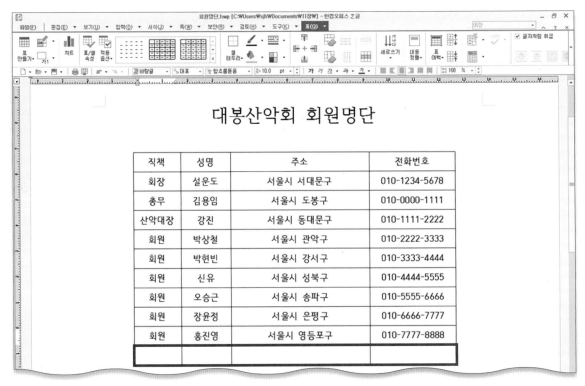

3 추가된 줄에 아래의 이미지와 같이 내용을 입력합니다. 이번에는 커서를 제일 첫 번째 칸에 위치시키고 커서가 있는 셀 왼쪽에 칸을 추가하기 위해 [표] 탭-[왼쪽에 칸 추가하기](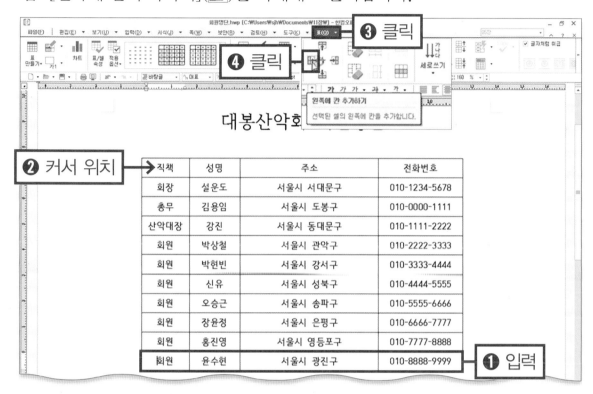)를 차례대로 클릭합니다.

4 커서를 둔 셀 왼쪽에 칸이 하나 추가됩니다.

5 추가된 칸에 아래의 이미지와 같이 내용을 입력합니다. 제일 마지막 줄을 지우기 위해 커서를 표의 제일 아래줄에 위치시키고 [표] 탭에서 [줄 지우기] (🧽)를 클릭합니다.

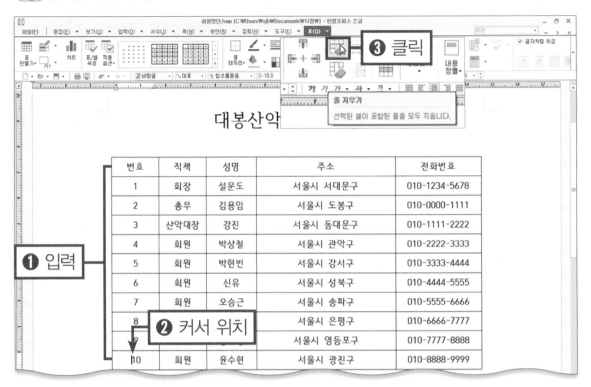

---

6 배경 색을 넣기 위해 첫 번째 줄을 드래그해 블록 지정합니다.

7 [표] 탭에서 [셀 배경 색](🎨▾)의 [펼침 단추](▾)를 클릭합니다. 색상 팔레트에서 [노른자색]을 찾아 클릭합니다.

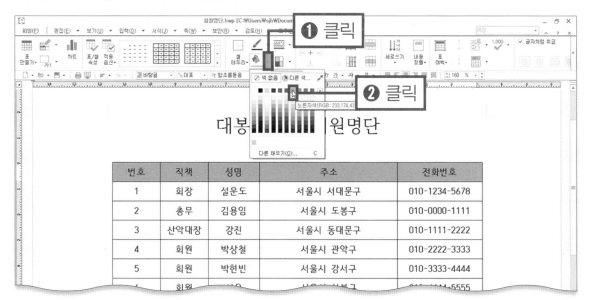

 노른자색이 없을 경우에는 [색상 테마](▶)를 클릭한 후 색상 테마 목록에서 [기본]을 선택합니다.

STEP 3 셀 테두리 지정하기

8 바깥쪽 테두리를 지정하기 위해 표 전체를 드래그해 블록 지정한 다음 [표] 탭에서 [셀 테두리 모양/굵기](▦▾)-[셀 테두리 굵기]-[0.5mm]를 차례대로 클릭합니다.

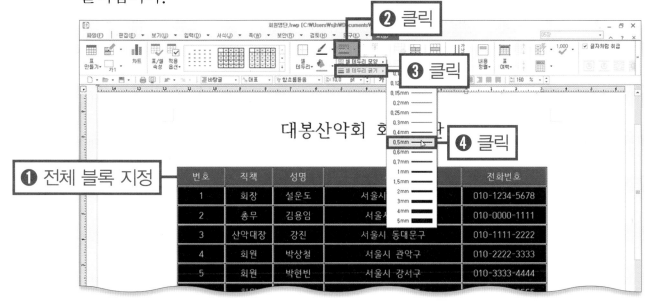

9 이후 [셀 테두리]를 클릭한 후 [바깥쪽 모두](□)를 클릭하여 적용합니다. 바깥쪽 테두리가 진하게 표시된 것을 확인합니다.

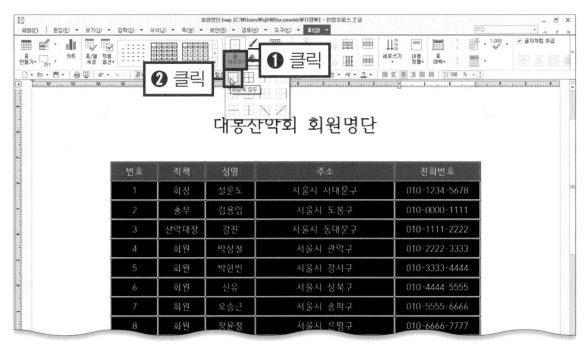

10 이번에는 첫 번째 줄을 드래그해 블록 지정한 다음 [표] 탭의 [펼침 단추](▼)를 클릭합니다. [셀 테두리/배경]-[각 셀마다 적용]을 차례대로 클릭합니다.

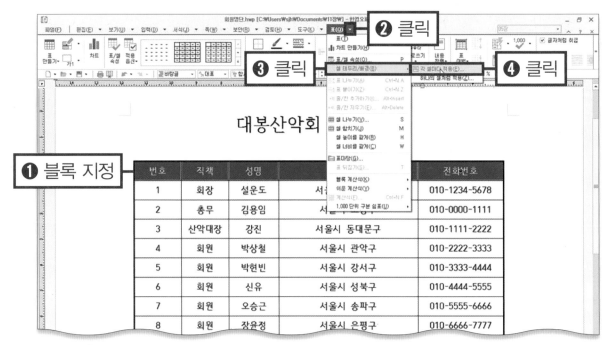

 첫 번째 줄을 블록 지정한 다음 마우스 오른쪽 버튼을 누른 후 [셀 테두리/배경]-[각 셀마다 적용]을 선택해도 됩니다.

11 '셀 테두리/배경' 대화 상자가 나타나면 [테두리] 탭에서 '종류'를 [이중 실선] 으로 선택하고 선 모양을 지정할 위치인 [아래](▤)를 클릭한 다음 [설정] 버 튼을 클릭합니다.

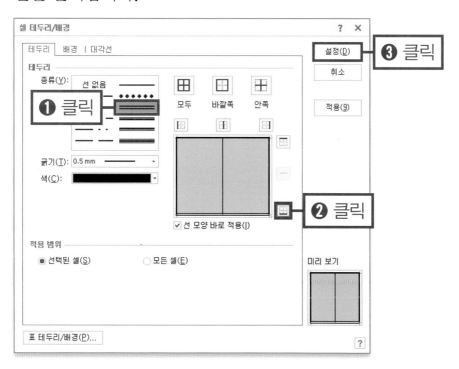

12 첫 번째 줄 아래에 이중 실선이 지정된 것을 확인합니다. [서식] 도구 상자의 [저장하기](💾)를 클릭해 완성된 문서를 저장합니다.

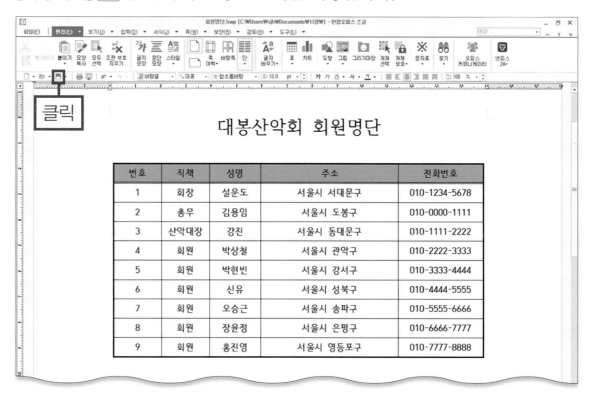

혼자서도 만들 수 있어요!

1 [11강]의 '문화센터 접수.hwp' 파일을 열어 [비고] 칸을 지우고 [강의 시간] 칸을 추가해 보세요.

문화센터 겨울 학기 접수 안내

과정명	정원	강사명	강의 시간	강의 요일	강의료
다이어트 댄스	20명	이무용	오전 10시	매주 화	30,000원
가요교실	30명	박노래	오전 10시	매주 수,금	60,000원
동화구연	10명	최동화	오후 2시	매주 월	50,000원
우쿨렐라	10명	정악기	오후 2시	매주 목	50,000원

HINT [비고] 칸에 커서를 위치시키고 [표] 탭–[칸 지우기] 클릭 → [강의 요일] 칸에 커서를 위치시키고 [표] 탭–[왼쪽에 칸 추가하기] 클릭 → 내용 입력

2 [11강]의 '정기 산행 안내문.hwp' 파일을 열어 셀 배경 색과 테두리를 지정해 보세요.

5월 정기 산행 안내문

일시	5월 18일 10:00
집결장소	3호선 압구정역 6번출구
산행지	월출산
회비	2만원
준비물	중식, 등산화, 아이젠, 장갑, 생수, 간단한 간식
참가신청	총무 김용임(010-0000-1111)

HINT 첫 번째 칸 블록 지정 → [셀 배경 색]–[연한 올리브색] 클릭 → 표 전체 블록 지정 → [표] 탭–[셀 테두리 모양/굵기]–[셀 테두리 모양]–[이중 실선] 클릭 → [셀 테두리 굵기]–[0.7mm] 클릭 → [셀 테두리]–[바깥쪽 모두] 클릭 → 첫 번째 칸 블록 지정 → [셀 테두리 모양/굵기]–[셀 테두리 모양]–[점선] 클릭 → [셀 테두리 굵기]–[0.2mm] 클릭 → [셀 테두리]–[오른쪽] 클릭

산행 계획 표 작성하기

POINT

표에서 셀 블록으로 지정한 일부 셀이 규칙적일 때
나머지 셀들도 같은 규칙으로 채워 주는 채우기 기능을 배우고
여러 개의 셀을 하나로 합치거나 나누는 기능에 대해 알아봅니다.

완성 화면
미리 보기

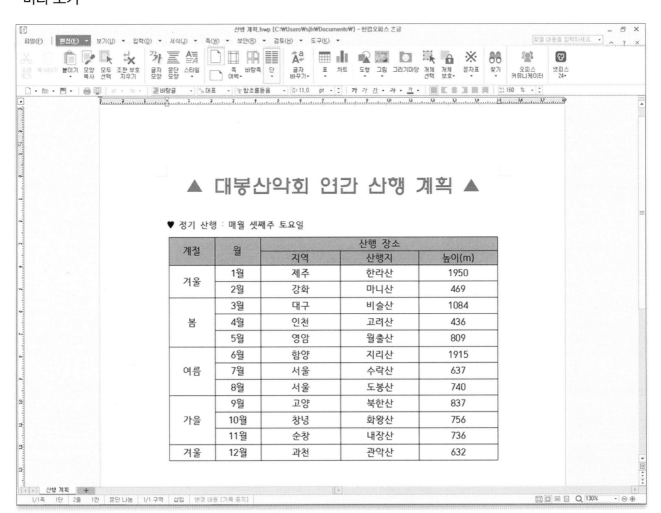

여기서
배워요! 표 자동 채우기, 셀 합치기, 셀 나누기

1 [서식] 도구 상자의 [불러오기]([📁])를 클릭해 [12강] 폴더에서 [산행 계획.hwp] 파일을 불러옵니다. 두 번째 칸에 아래의 이미지와 같이 내용을 입력합니다.

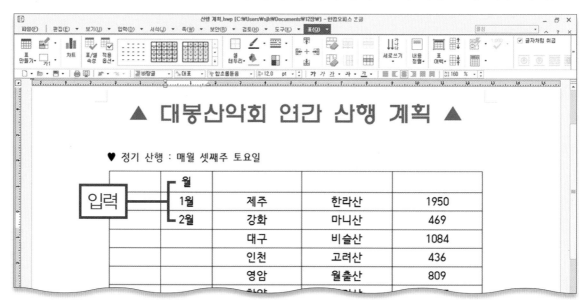

2 자동 채우기를 위해 '1월'부터 시작하여 맨 아래까지 드래그하여 두 번째 칸을 블록 지정합니다. [표] 탭에서 [채우기]([📊])의 [펼침 단추]([▼])를 클릭한 후 [표 자동 채우기]를 클릭합니다.

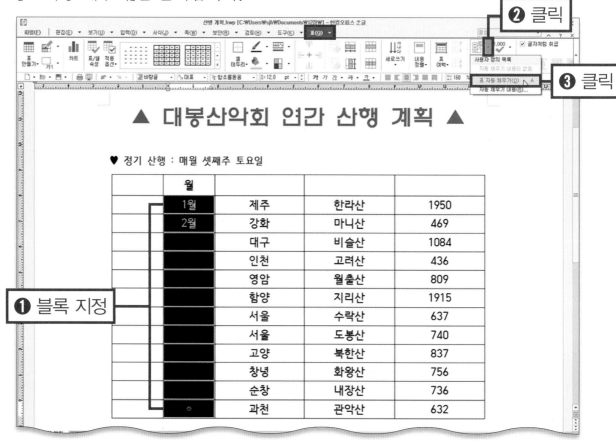

3 ..... 블록 지정한 셀에 내용이 순서대로 채워진 것을 확인합니다.

♥ 성기 산행 : 매월 셋째수 토뵤닐

	월			
	1월	제주	한라산	1950
	2월	강화	마니산	469
	3월	대구	비슬산	1084
	4월	인천	고려산	436
	5월	영암	월출산	809
	6월	함양	지리산	1915
	7월	서울	수락산	637
	8월	서울	도봉산	740
	9월	고양	북한산	837
	10월	창녕	화왕산	756
	11월	순창	내장산	736
	12월	과천	관악산	632

STEP 2 셀 합치기

4 ..... 왼쪽 첫 번째 셀에 '계절'이라고 입력한 후 '계절' 아래의 두 셀을 드래그해 블록 지정합니다. 두 셀을 합치기 위해 [표] 탭에서 [셀 합치기](⊞)를 클릭합니다. 블록 지정된 부분이 하나의 셀로 합쳐집니다.

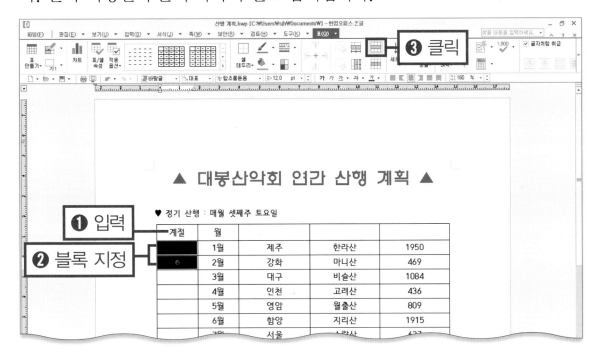

5 아래 이미지와 같이 나머지 셀들도 블록 지정한 후 [셀 합치기](▦)를 클릭하여 합칩니다.

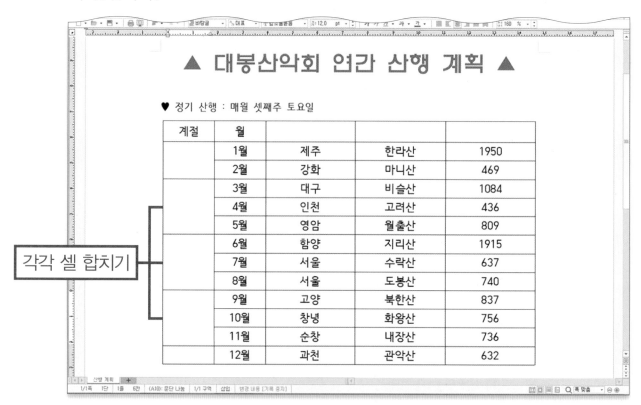

6 합친 셀에 아래의 이미지와 같이 내용을 입력합니다.

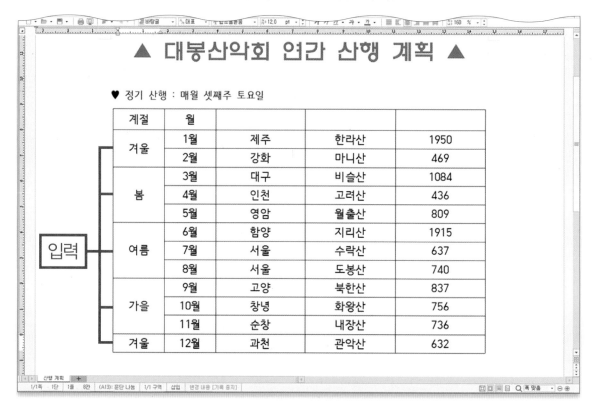

7 ..... 첫 번째 줄의 세 번째 칸에서부터 마지막 칸까지 드래그해 블록 지정합니다. 셀을 두 개의 줄로 나누기 위해 [표] 탭에서 [셀 나누기](⊞)를 클릭합니다.

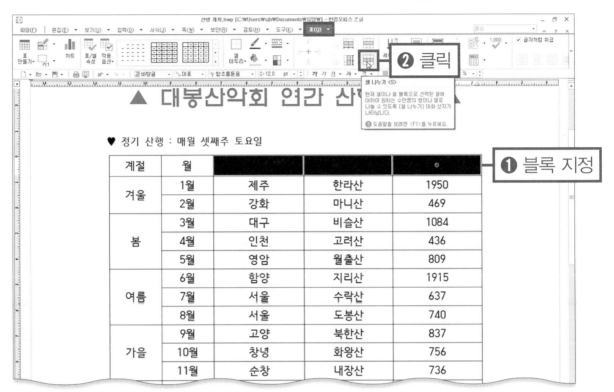

8 ..... '셀 나누기' 대화 상자가 나타나면 '줄/칸 나누기'에서 [줄 수]에 체크 표시하고 '2'를 입력한 후 [나누기] 버튼을 클릭합니다.

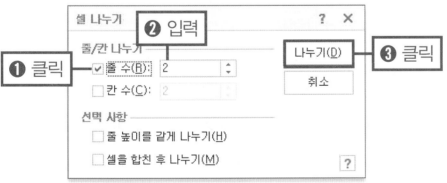

조금 더 배우기

세 칸의 [칸 수]를 '2'로 지정한 경우는 아래와 같이 나타납니다.

세 칸의 [줄 수]와 [칸 수]를 모두 '2'로 지정한 경우는 아래와 같이 나타납니다.

9 두 줄로 나뉜 위의 셀들을 드래그해 블록 지정하고 [표] 탭에서 [셀 합치기] (⊞)를 클릭합니다.

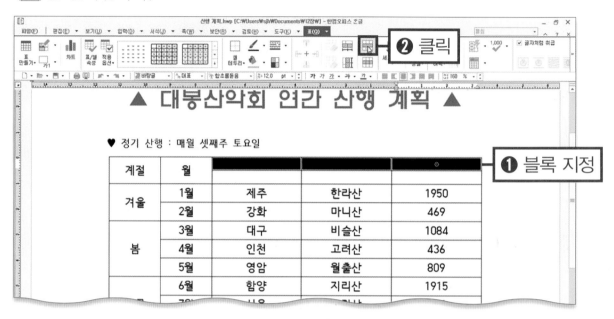

10 아래의 이미지와 같이 내용을 입력합니다. 이후 첫째 줄과 둘째 줄을 드래그 하여 블록 지정한 후 [표] 탭에서 '셀 배경 색'을 [노른자색]으로 지정합니다. [서식] 도구 상자의 [저장하기](💾)를 클릭해 완성된 문서를 저장합니다.

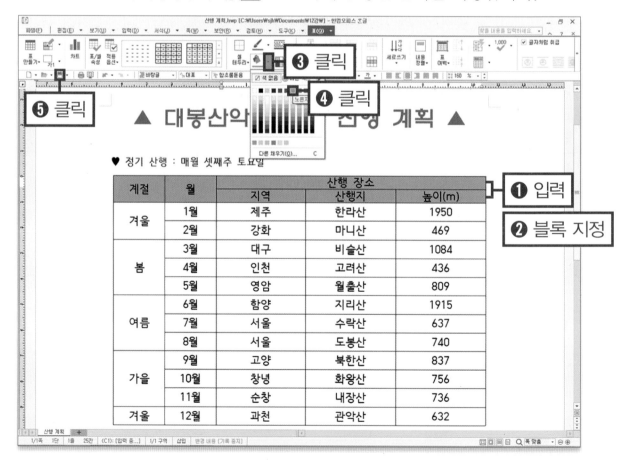

1 7줄 × 6칸의 표를 삽입하고 다음과 같이 문서를 작성한 다음 '시간표.hwp'로 저장해 보세요.

	월요일	화요일	수요일	목요일	금요일
1교시	국어	국어	국어	국어	국어
2교시	수학	수학	수학	수학	수학
3교시	과학	과학	과학	과학	과학
4교시	영어	영어	영어	영어	영어
5교시	도덕	도덕	도덕	도덕	도덕
6교시	사회	사회	사회	사회	사회

 7줄 × 6칸의 표 삽입 → '1교시', '2교시' 입력 → '1교시'부터 제일 아래까지 블록 지정 후 [표] 탭–[채우기]–[표 자동 채우기] 클릭 → '월요일', '화요일' 입력 → '월요일'부터 제일 오른쪽까지 블록 지정 후 [표 자동 채우기] 클릭 → 두 번째 칸에 과목명 입력 → 과목 부분 블록 지정 후 [표 자동 채우기] 클릭 → 원하는 서식(함초롬돋움, 12pt, 가운데 정렬, 셀 배경 색) 지정 후 저장

2 5줄 × 5칸의 표를 삽입하고 다음과 같이 문서를 작성한 다음 '생일.hwp'로 저장해 보세요.

구분	가족명	음/양력		띠
		음력	양력	
시댁	시아버지	8월 29일		닭띠
	시어머니	1월 28일		개띠
친정	친정아버지		5월 1일	쥐띠
	친정어머니		8월 8일	소띠

 5줄 × 5칸의 표 삽입 → 두 번째 줄 첫 번째 칸에서 아래로 한 칸 블록 지정 → [표] 탭–[셀 합치기] 클릭 → 아래 두 칸 블록 지정 후 셀 합치기 → 첫 번째 줄 세 번째 칸에서 옆으로 한 칸 블록 지정 후 [셀 나누기] 클릭 → [줄 수]에 '2'를 입력 후 [나누기] 클릭 → 나눈 셀 위에 있는 셀 합치기 → 내용 입력 → 원하는 서식(함초롬돋움, 12pt, 가운데 정렬, 셀 배경 색) 지정 후 저장

결산 내역 표 작성하기

POINT

표를 작성할 때 합계나 평균 등의 값을 입력해야 하는 경우가 있습니다.

한글에서 제공하는 계산식을 이용하면 정확한 값을 입력할 수 있습니다.

블록으로 설정한 셀의 합계를 구하고 간단한 계산식을 사용하는 방법을 알아봅니다.

완성 화면

미리 보기

5월 정기산행 결산내역

항목		금액	비고
수입	이 월 금	105,000	
	회 비	800,000	20,000명 × 40명
	찬 조 금	100,000	
	수입 합계	1,005,000	
지출	버스대여	850,000	
	간 식	95,000	김밥, 물
	지출 합계	945,000	
잔액		60,000	

여기서
배워요! 블록 계산식, 쉬운 계산식, 계산식, 1,000 단위 구분 쉼표

쉬운 계산식 사용하기

1 [서식] 도구 상자의 [불러오기]( )를 클릭해 [13강] 폴더에서 [결산내역.hwp] 파일을 불러옵니다. 수입 합계를 계산하기 위해 '수입 합계'와 '금액' 라인에 있는 빈 셀을 클릭한 뒤 [표] 탭에서 [계산식]( )을 클릭하여 [세로 합계]를 선택합니다.

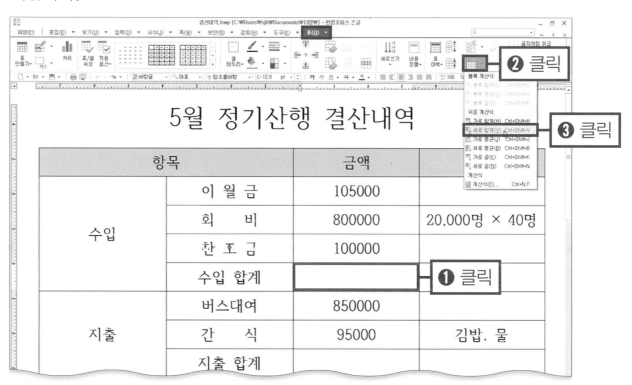

2 선택한 셀에 자동으로 합계가 계산되어 나타납니다.

3 지출 합계를 계산하기 위해 계산할 데이터의 값과 결과 값이 입력될 빈 셀을 아래의 이미지와 같이 함께 드래그해 블록 지정합니다. 그 다음 [계산식] (▦ ▾)을 클릭한 후 [블록 합계]를 선택합니다.

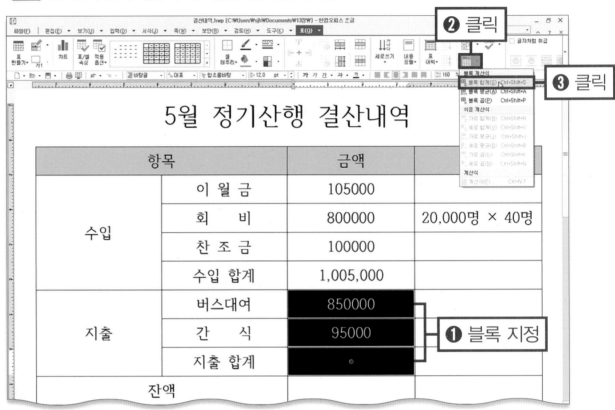

4 셀 블록이 설정된 부분에 합계가 계산되어 나타납니다.

5월 정기산행 결산내역

항목		금액	비고
수입	이 월 금	105000	
	회 비	800000	20,000명 × 40명
	찬 조 금	100000	
	수입 합계	1,005,000	
지출	버스대여	850000	
	간 식	95000	김밥, 물
	지출 합계	945,000	
잔액			

5 수입 합계에서 지출 합계를 뺀 잔액을 계산하기 위해 '수입 합계'의 '금액' 란을 클릭한 후 상황 선에서 셀 이름을 확인합니다. 셀 이름이 'C5'라는 것을 확인할 수 있습니다. 이번에는 '지출 합계'의 '금액' 란을 클릭한 후 상황 선에서 셀 이름을 확인합니다. 셀 이름이 'C8'이라는 것을 확인할 수 있습니다.

항목		금액	비고
수입	이 월 금	105000	
	회 비	800000	20,000명 × 40명
	찬 조 금	100000	
	수입 합계	1,005,000	❶ 클릭
지출	버스대여	850000	
	간 식	95000	김밥, 물
	지출 합계	945,000	❸ 클릭

❷ 'C5' 확인 ❹ 확인

결산내역 +

1/1쪽 1단 1줄 11칸 (C8): [입력 중...] 1/1 구역 삽입 변경 내용 [기록 중지]

6 잔액을 계산하기 위해 '잔액'의 '금액' 부분 셀을 클릭한 뒤 [표] 탭에서 [계산식]을 클릭한 다음 [계산식]을 선택합니다.

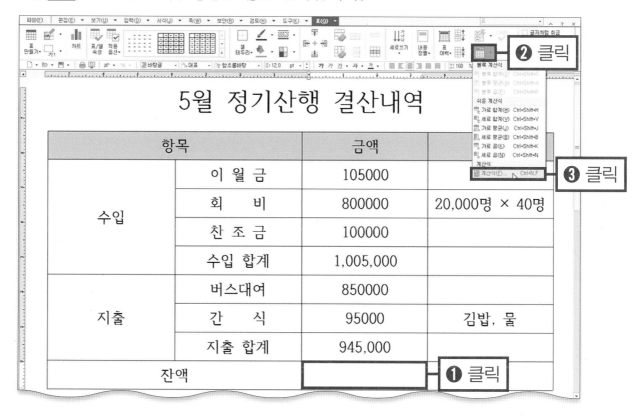

7 '계산식' 대화 상자가 나타나면 '계산식' 입력 란에 '=C5-C8'을 입력한 뒤 [확인] 버튼을 클릭합니다.

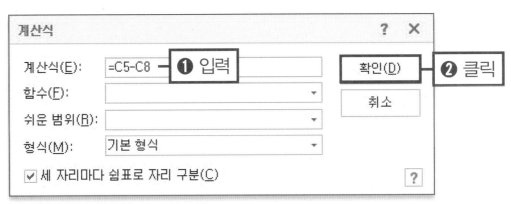

'계산식' 대화 상자에서 수식을 직접 입력하여 계산할 수 있습니다. 이때 셀 이름으로 계산식을 입력하게 되는데, 하나의 표를 만들면 셀 이름은 자동으로 주어집니다. 셀 이름은 칸은 알파벳으로, 줄은 숫자로 매겨집니다. 셀 이름은 상황 선에서 확인할 수 있습니다.

A1	B1	C1	D1	E1
A2	B2	C2	D2	E2
A3	B3	C3	D3	E3
A4	B4	C4	D4	E4

8 수입 합계 값에서 지출 합계를 뺀 금액이 자동으로 계산되어 나타납니다.

항목		금액	비고
수입	이 월 금	105000	
	회 비	800000	20,000명 × 40명
	찬 조 금	100000	
	수입 합계	1,005,000	
지출	버스대여	850000	
	간 식	95000	김밥, 물
	지출 합계	945,000	
잔액		60,000	

천 단위 구분 쉼표 넣기

9 천 단위 구분 쉼표를 넣기 위해 숫자가 있는 '금액' 셀을 모두 드래그해 블록 지정한 후 [표] 탭에서 [1,000 단위 구분 쉼표]( )를 클릭한 다음 [자릿점 넣기]를 선택합니다.

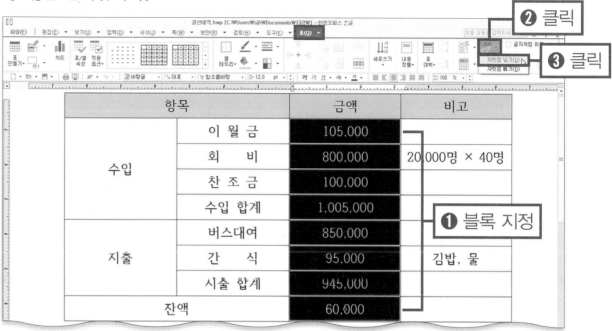

 셀을 블록으로 지정하고 [표] 탭-[1,000 단위 구분 쉼표]-[자릿점 빼기]를 클릭하면 기존에 입력되었던 자릿점(,)이 사라집니다.

10 Ctrl을 누른 상태로 계산식이 들어간 셀을 각각 클릭하여 블록 지정한 다음 [글자 색]( )의 [펼침 단추]( )를 클릭한 후 [빨강]을 선택합니다. 블록을 해제한 다음 [서식] 도구 상자의 [저장하기]( )를 클릭해 문서를 저장합니다.

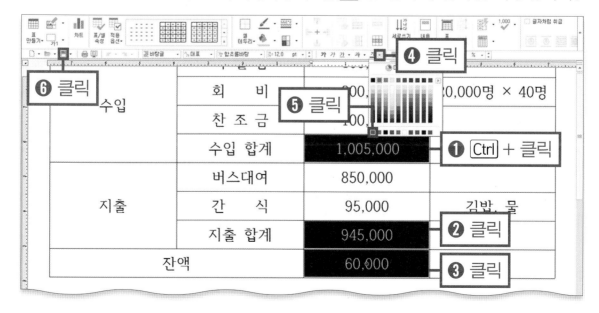

혼자서도 만들 수 있어요!

1 [13강]의 '기온.hwp' 파일을 열어 평균 기온을 계산해 보세요.

	서울	수원	이천	양평	인천	강화	동두천	백령도
최고기온(℃)	17.0	17.2	17.8	17.7	16.4	16.2	17.5	14.5
최저기온(℃)	8.6	7.5	6.2	6.3	8.7	6.3	6.0	8.6
평균기온(℃)	12.80	12.35	12.00	12.00	12.55	11.25	11.75	11.55

HINT 숫자 셀들을 모두 블록 지정 → [표] 탭-[계산식]-[블록 평균] 클릭

2 [13강]의 '영수증.hwp' 파일을 열어 금액과 합계를 계산하고 천 단위 구분 쉼표를 넣어 보세요.

품명	수량	단가	금액
설탕	2	3,200	6,400
생크림	2	4,800	9,600
버터	1	8,500	8,500
코코아	3	1,800	5,400
밀가루	5	1,750	8,750
메이플시럽	1	9,000	9,000
초코시럽	2	4,500	9,000
합계			56,650

HINT 수량과 단가, 금액 칸을 블록 지정 → [표] 탭-[계산식]-[블록 곱] 클릭 → '합계' 오른쪽 셀 클릭 → [표] 탭-[계산식]-[세로 합계] 클릭 → 숫자 셀 모두 블록 지정 → [표] 탭-[1,000 단위 구분 쉼표]-[자릿점 넣기] 클릭

CHAPTER 14
우리나라 100대 명산 소개하기 1

POINT

용지 방향과 여백을 수정하여 편집 용지를 설정하는 방법과
문서의 페이지를 두 단으로 표시하는 방법 및 단어나 내용 등에
부연 설명을 입력하기 위한 각주 입력 방법에 대해 알아봅니다.

완성 화면
미리 보기

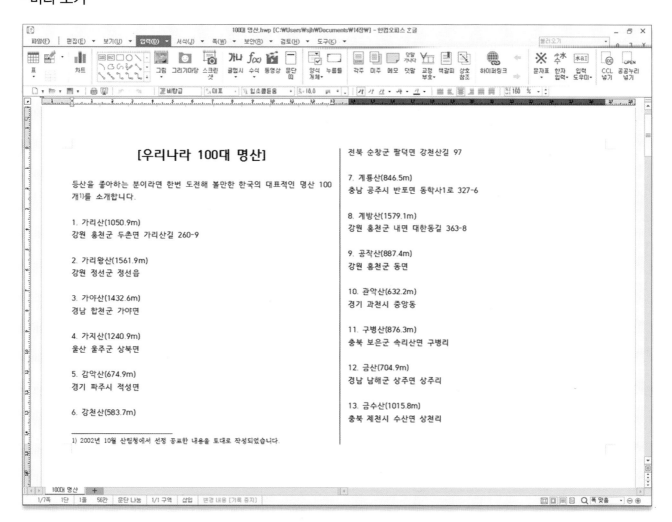

여기서 배워요! 편집 용지, 다단 설정, 각주

1 [서식] 도구 상자의 [불러오기](📁)를 클릭해 [14강] 폴더에서 [100대 명산.hwp] 파일을 불러옵니다. 용지를 가로로 설정하기 위해 [쪽] 탭-[편집 용지]를 차례대로 클릭합니다.

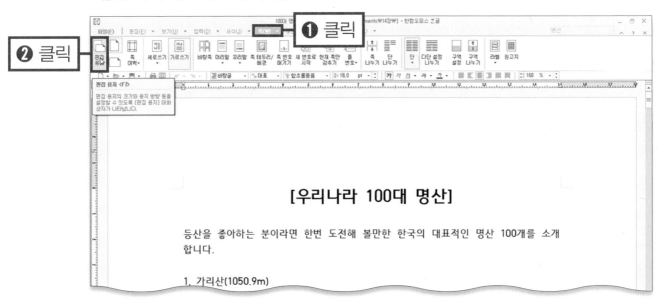

> 문서를 작성한 후 편집 용지를 설정하면 문서의 모양이 바뀔 수 있으니, 편집 용지를 변경할 경우에는 문서를 작성하기 전에 미리 하는 것이 좋습니다.

2 '편집 용지' 대화 상자가 나타나면 '용지 방향'은 [가로]를 클릭, '용지 여백'의 '왼쪽'과 '오른쪽'은 각각 '15mm'를 입력한 후 [설정] 버튼을 클릭합니다.

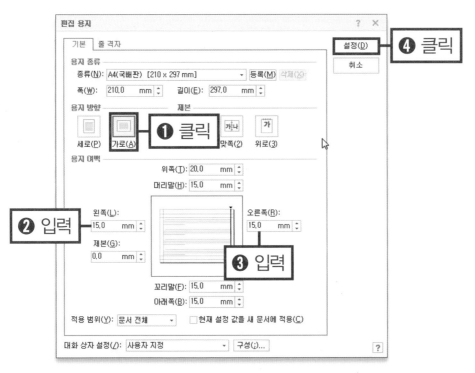

3 설정한 용지 방향과 여백이 변경된 상태로 페이지가 재설정됩니다.

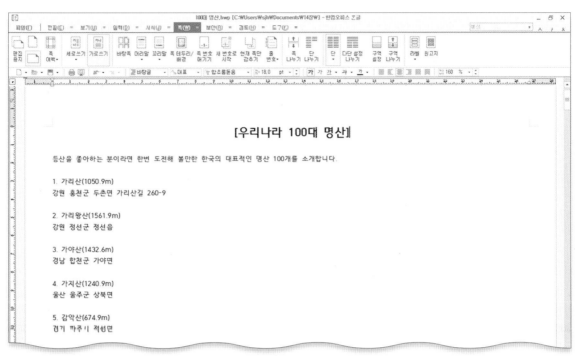

4 한 페이지를 둘이나 그 이상으로 나눠서 쓰는 다단을 적용하기 위해 [쪽] 탭에서 [다단 설정](▤)을 클릭합니다.

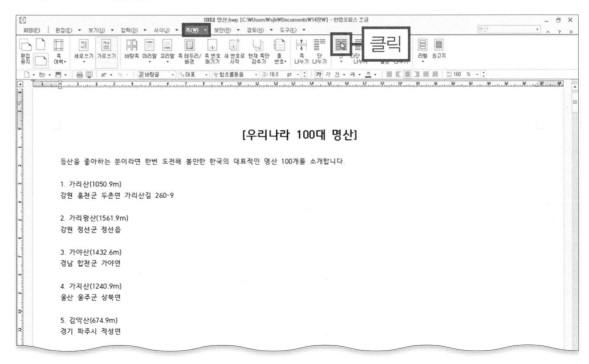

5 '단 설정' 대화 상자가 나타나면 '자주 쓰이는 모양'은 [둘]을 클릭, [구분선 넣기]에 체크 표시한 후 [설정] 버튼을 클릭합니다.

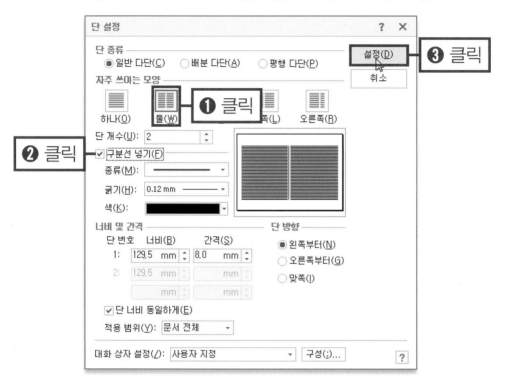

6 문서의 페이지가 두 개의 단으로 나뉜 것을 확인합니다.

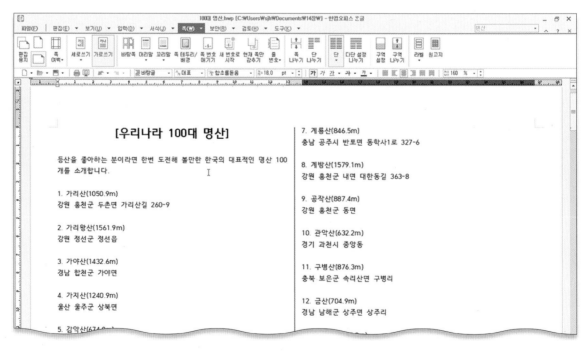

 적용한 다단을 해제할 때는 [쪽] 탭–[다단 설정](▤)을 클릭한 후 '단 설정' 대화 상자에서 '자주 쓰이는 모양'을 [하나]로 선택한 다음 [설정] 버튼을 클릭합니다.

각주 입력하기

7 ····· 각주를 입력하기 위해 '100개' 단어 뒷부분을 클릭하여 커서를 위치시킨 후 [입력] 탭-[각주]를 차례대로 클릭합니다.

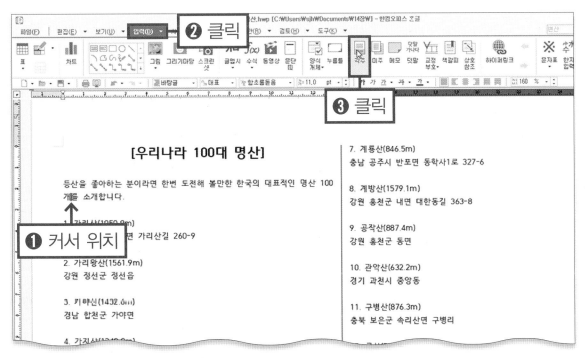

8 ····· 해당 페이지의 아래쪽에 부연 설명을 입력합니다.

• 입력 내용 : 2002년 10월 산림청에서 선정 공표한 내용을 토대로 작성되었습니다.

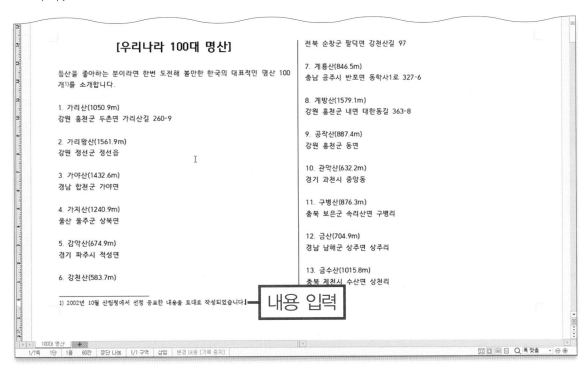

9 입력을 완료한 후 [주석] 도구 상자의 [닫기]를 클릭하여 편집 창으로 돌아옵니다.

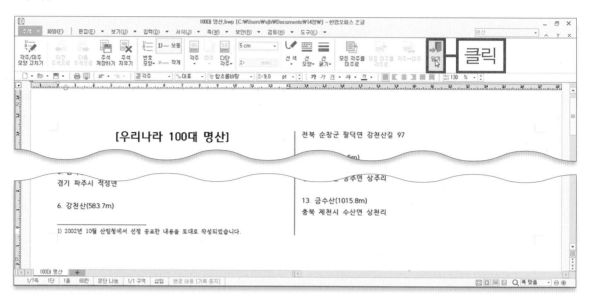

10 커서 위치에 '1)'이 표시되고, 페이지 아래 부분에 각주 내용이 입력된 것을 확인합니다. [서식] 도구 상자의 [저장하기](💾)를 클릭해 완성된 문서를 저장합니다.

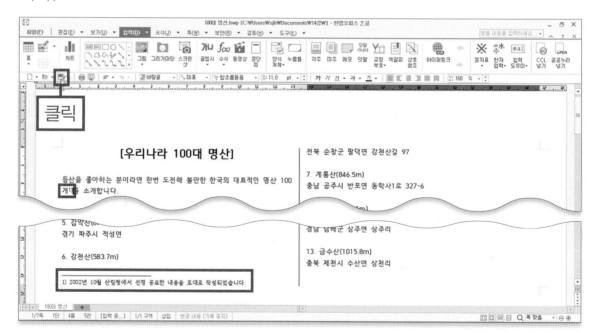

각주 수정 및 삭제

- **수정 방법** : 각주가 입력된 부분을 더블 클릭하면 주석 편집 영역으로 커서가 이동됩니다.
- **삭제 방법** : 입력된 각주를 삭제할 때에는 각주가 입력된 숫자 앞에 커서를 둔 후 Delete를 누릅니다. '[각주]를 지울까요?'라는 메시지 창이 뜨면 [지움]을 클릭합니다.

혼자서도 만들 수 있어요!

 1 [14장]의 '아름다운 임도 100선.hwp' 파일을 불리온 후 편집 용지의 방향을 가로로, 여백의 왼쪽과 오른쪽을 '10mm'로 변경한 다음 페이지를 두 개의 단으로 지정해 보세요.

<아름다운 임도 100선>

2008년 산림청에서 선정한 국내 아름다운 임도 100선 목록입니다.

【서울 인천 경기지역】
<가평 가일리 임도>
경기도 가평군 설악면 가일리

<구봉산 임도>
인천광역시 옹진군 북도면 신도리

<산음 자연휴양림 임도>
경기도 양평군 단월면 산음리

<수리산 임도>
경기도 군포시 속달동 수리산

<안성 상중리 임도>
경기도 안성시 금광면 상중리~ 한운리

<양평 내리 임도>
경기도 양평군 개군면 내리~주읍리

<양평 명달리 임도>
경기도 양평군 서종면 명달리

<연천 대광리 임도>
경기도 연천군 신서면 대광리

<용인 묵리 임도>
경기도 용인군 이동면 묵리~ 원삼면 학일리

<원적산 임도>
경기도 이천시 신둔면 수광리~백사면 도림리

<천마산 임도>
경기도 남양주시 호평동

<칼봉산 임도>
경기도 가평군 가평읍 경반리

【강원 지역】
<강릉 사기막리 임도>
강릉시 사천면 사기막리~성산면 보광리

<백운산자연휴양림 임도>

 HINT [쪽] 탭–[편집 용지] 클릭 → '용지 방향'–[가로], '용지 여백'의 '왼쪽'과 '오른쪽'을 각각 '10mm'로 변경 후 [설정] 버튼 클릭 → [다단 설정] 클릭 → '자주 쓰이는 모양'–[둘], [구분선 넣기]에 체크 표시한 후 [종류]를 클릭하여 '점선' 선택 → [설정] 클릭

---

2 '임도'라는 단어에 각주를 입력해 보세요.

- 입력 내용 : '산림의 경영 관리상 필요하여 설치한 도로'

<아름다운 임도 100선>

2008년 산림청에서 선정한 국내 아름다운 임도¹⁾ 100선 목록입니다.

【서울 인천 경기지역】
<가평 가일리 임도>
경기도 가평군 설악면 가일리

<구봉산 임도>
인천광역시 옹진군 북도면 신도리

<산음 자연휴양림 임도>
경기도 양평군 단월면 산음리

<수리산 임도>
경기도 군포시 속달동 수리산

<안성 상중리 임도>
경기도 안성시 금광면 상중리~ 한운리

<양평 내리 임도>

---
1) 산림의 경영 관리상 필요하여 설치한 도로

경기도 양평군 개군면 내리~주읍리

<양평 명달리 임도>
경기도 양평군 서종면 명달리

<연천 대광리 임도>
경기도 연천군 신서면 대광리

<용인 묵리 임도>
경기도 용인군 이동면 묵리~ 원삼면 학일리

<원적산 임도>
경기도 이천시 신둔면 수광리~백사면 도림리

<천마산 임도>
경기도 남양주시 호평동

<칼봉산 임도>
경기도 가평군 가평읍 경반리

【강원 지역】
<강릉 사기막리 임도>
강릉시 사천면 사기막리~성산면 보광리

 HINT '임도' 뒤에 커서를 두고 [입력] 탭–[각주] 클릭 → 내용 입력 → [닫기] 클릭

우리나라 100대 명산 소개하기 2

POINT

문서를 체계적으로 관리하기 위해 머리말과 꼬리말, 쪽 번호 매기는 방법과
쪽 테두리와 배경을 넣어 문서를 좀 더 화려하게 꾸미는 방법을 알아봅니다.

완성 화면
미리 보기

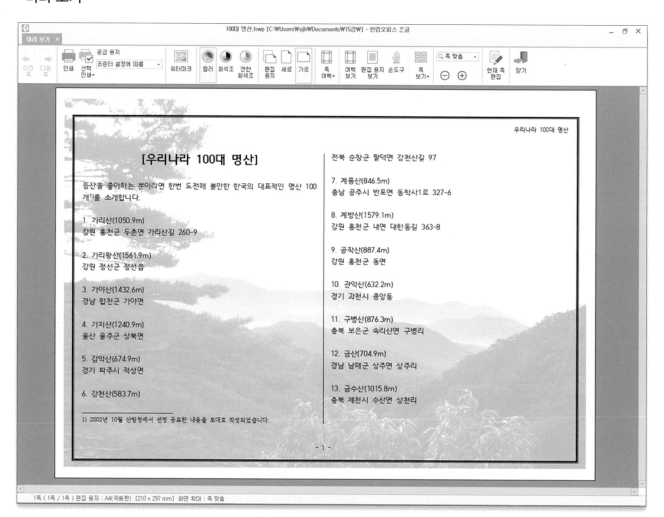

여기서
배워요! 쪽 번호 매기기, 머리말/꼬리말, 쪽 테두리/배경

1 [서식] 도구 상자의 [불러오기]( )를 클릭해 [15강] 폴더에서 [100대 명산.hwp] 파일을 불러옵니다. 문서 전체에 쪽 번호를 입력하기 위해 [쪽] 탭-[쪽 번호 매기기]를 차례대로 클릭합니다.

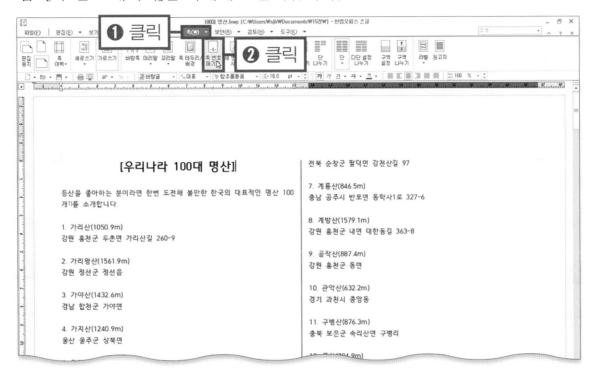

2 '쪽 번호 매기기' 대화 상자가 나타나면 '번호 모양'은 [1,2,3], [줄표 넣기]에 체크 표시가 되어 있는지 확인합니다. 이후 '번호 위치'를 [가운데 아래]로 선택하고 [넣기] 버튼을 클릭합니다.

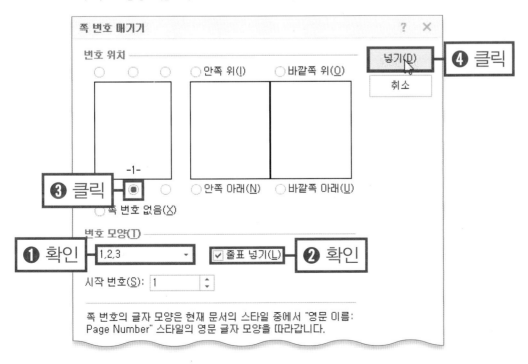

3 문서의 아래쪽 가운데에 쪽 번호가 입력된 것을 확인합니다.

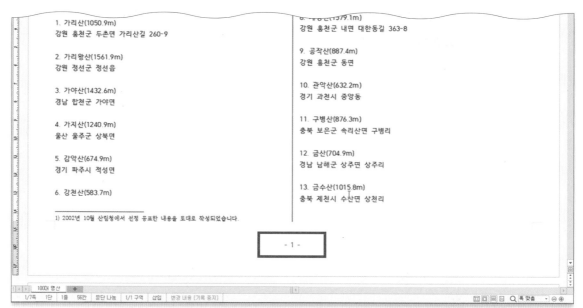

 쪽 번호를 삭제할 때는 [쪽] 탭–[쪽 번호 매기기]를 클릭해 '쪽 번호 매기기' 대화 상자가 나타나면 [쪽 번호 없음]을 선택하고 [넣기] 버튼을 클릭합니다.

STEP 2 머리말/꼬리말 지정하기

4 문서 전체 쪽에 머리말을 지정하기 위해 [쪽] 탭에서 [머리말]을 클릭한 후 [머리말/꼬리말]을 선택합니다.

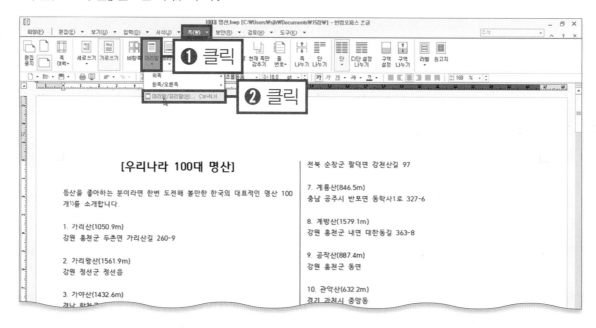

5 '머리말/꼬리말' 대화 상자가 나타나면 '종류'는 [머리말], '위치'는 [양 쪽]이 선택되어 있는지 확인한 다음 [만들기] 버튼을 클릭합니다.

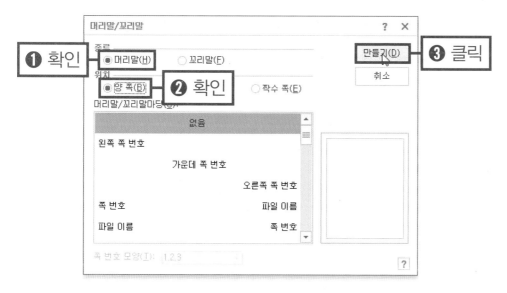

6 머리말 영역에 커서가 나타나면 [서식] 도구 상자에서 [오른쪽 정렬](▤)을 클릭한 후 '우리나라 100대 명산'을 입력합니다. 이후 [머리말/꼬리말] 도구 상자의 [머리말/꼬리말 닫기]를 클릭하여 편집 창으로 돌아옵니다. 매 쪽마다 머리말이 추가된 것을 확인합니다.

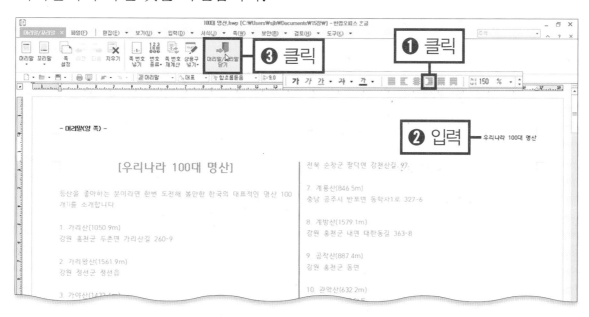

머리말/꼬리말 수정 및 삭제

• **수정 방법 :** 머리말/꼬리말이 입력된 부분을 더블 클릭하면 편집 영역으로 커서가 이동됩니다.

• **삭제 방법 :** 머리말/꼬리말이 입력된 부분을 더블 클릭한 후 [머리말/꼬리말] 도구 상자에서 [지우기]를 클릭합니다. '현재 머리말을 지울까요?'라는 메시지 창이 뜨면 [지움]을 클릭합니다.

쪽 테두리와 배경 지정하기

7 문서 전체 쪽에 배경과 테두리를 지정하기 위해 [쪽] 탭에서 [쪽 테두리/배경]
을 클릭합니다.

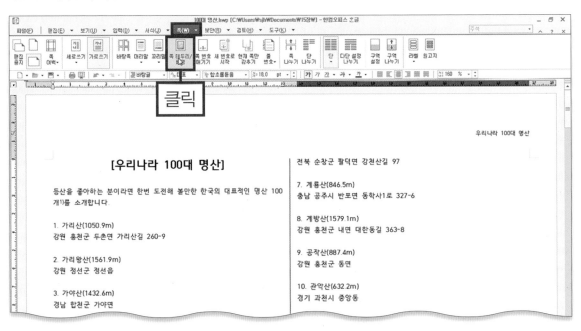

8 '쪽 테두리/배경' 대화 상자가 나타나면 [테두리] 탭에서 '테두리'의 '종류'를
[굵고 얇은 이중선]으로 선택한 다음 [모두](□) 아이콘을 클릭합니다. 다음으
로 '위치'의 [머리말 포함]과 [꼬리말 포함]에 체크 표시합니다.

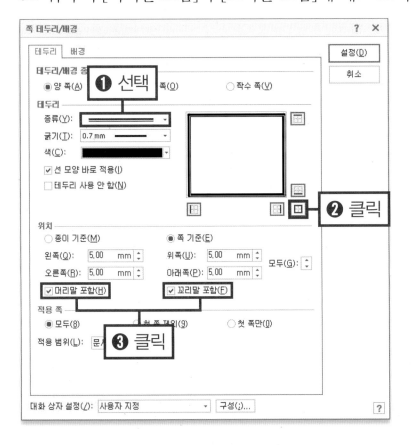

9 [배경] 탭을 클릭하여 '채우기'의 [그림]에 체크 표시를 한 다음 [그림 선택]
(🖼️) 버튼을 클릭합니다. '그림 넣기' 대화 상자가 나타나면 [15강]-[일몰.
jpg]를 차례대로 선택한 다음 [넣기] 버튼을 클릭합니다. 마지막으로 [워터마
크 효과]에 체크 표시한 다음 [설정] 버튼을 클릭합니다.

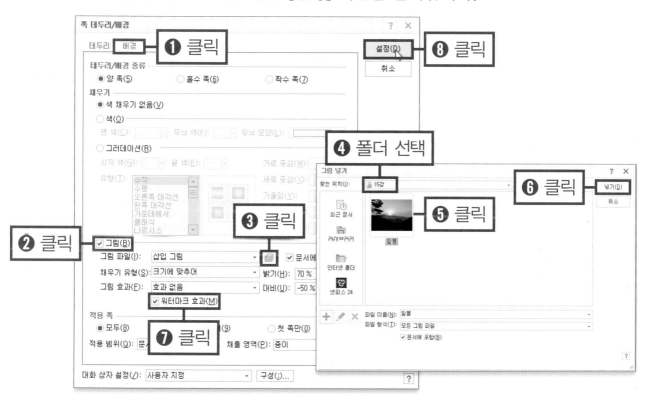

10 테두리와 배경이 지정된 것을 확인한 후 [서식] 도구 상자의 [저장하기](💾)를
클릭해 완성된 문서를 저장합니다.

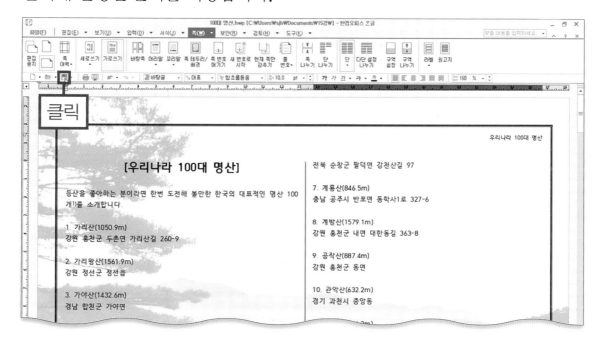

혼자서도 만들 수 있어요!

1 [15강]의 '아름다운 임도 100선.hwp' 파일을 불러온 후 쪽 번호와 꼬리말을 입력해 보세요.

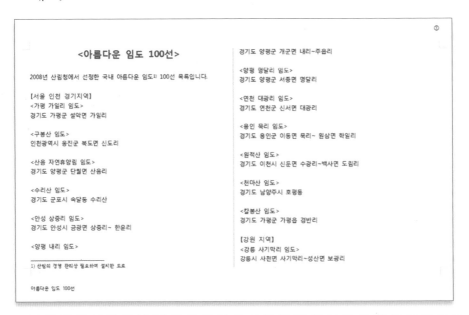

HINT [쪽] 탭–[쪽 번호 매기기] 클릭 → '번호 위치'–[오른쪽 위], '번호 모양'–[①, ②, ③], [줄 표 넣기] 체크 해제 후 [넣기] 클릭 → [쪽] 탭–[꼬리말]–[머리말/꼬리말] 클릭 → [종류]–[꼬리말] 선택 후 [만들기] 클릭 → '아름다운 임도 100' 입력 후 [머리말/꼬리말 닫기] 클릭

2 쪽 테두리와 배경 색을 지정해 보세요.

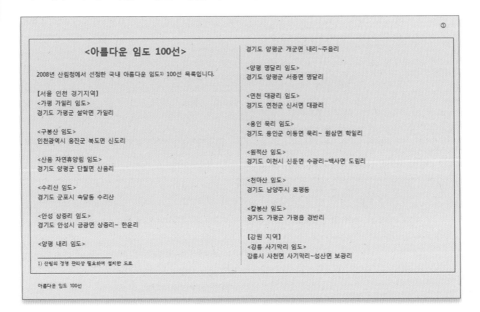

 HINT [쪽] 탭–[쪽 테두리/배경] 클릭 → '종류'–[실선], '색'–[파랑] 선택 후 [모두](回) 클릭 → [배경] 탭 클릭 → [채우기]의 [색]에 체크 후 [면 색]을 선택해 [바다색 80% 밝게] 클릭 → [설정] 클릭

약도가 들어간 모임 안내문 만들기

POINT

모임이나 초대장 등의 문서를 작성할 때 약도를 첨부해야 하는 경우가 있습니다. 스크린 샷 기능을 이용하여 인터넷으로 특정 지역의 약도를 검색해서 화면을 캡처한 다음 한글 문서에 삽입하는 방법을 알아봅니다.

완성 화면

미리 보기

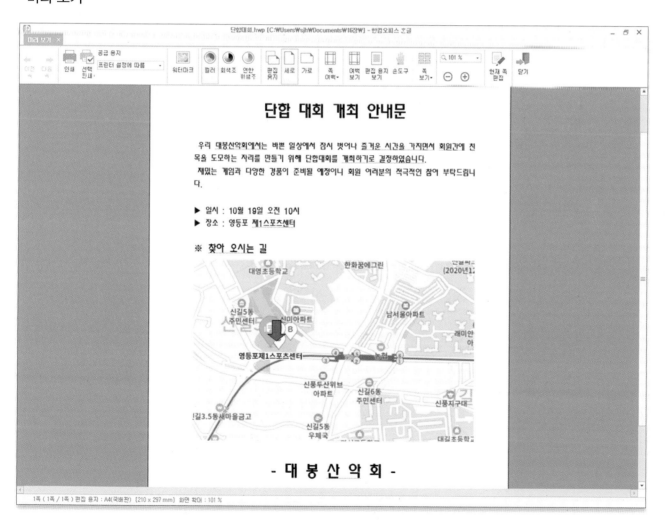

여기서 배워요! 스크린 샷, 그리기마당

지도 검색하기

1 [서식] 도구 상자의 [불러오기]([img])를 클릭해 [16강] 폴더에서 [단합대회.hwp]
파일을 불러옵니다. '찾아 오시는 길' 아래를 클릭해 커서를 위치시킨 다음 윈
도우 작업 표시줄의 [인터넷 익스플로러]([e]) 아이콘을 클릭합니다.

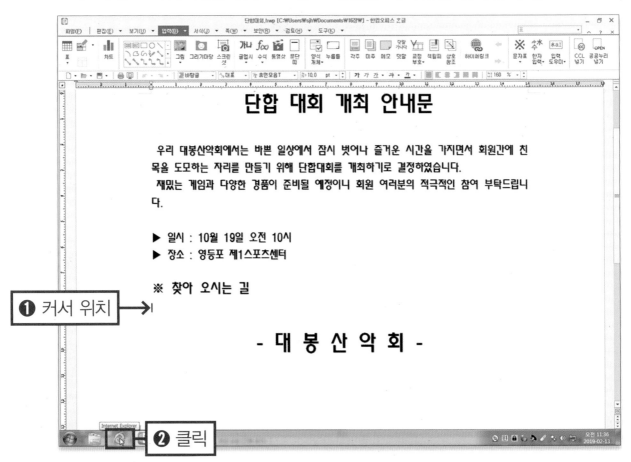

2 인터넷 익스플로러가 실행되면 '네이버(www.naver.com)' 사이트로 이동한
후 [지도]를 클릭하여 '네이버 지도' 사이트로 이동합니다.

3 네이버 지도 상단 검색 란에 '영등포 제1스포츠센터'를 입력하고 Enter↵ 를 누릅니다.

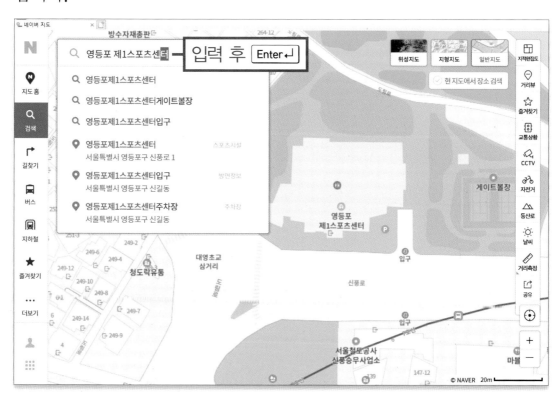

4 검색 목록에서 [영등포제1스포츠센터]를 클릭한 다음 [접기](◁)를 클릭합니다.

5 [지도 축소](−)를 클릭해 지도를 적당한 비율로 축소한 다음 작업 표시줄의 [한글 2014]( ) 아이콘을 클릭합니다.

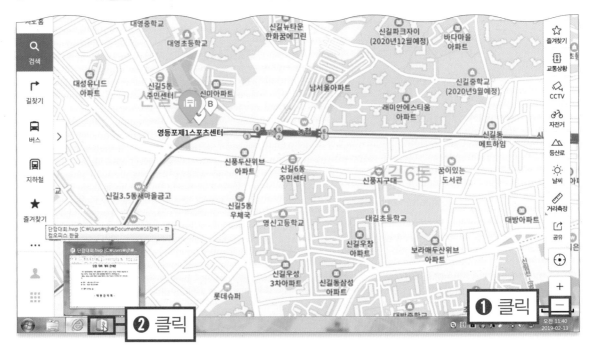

STEP 2 **스크린 샷으로 캡처하기**

6 [입력] 탭-[스크린 샷]을 차례대로 클릭합니다.

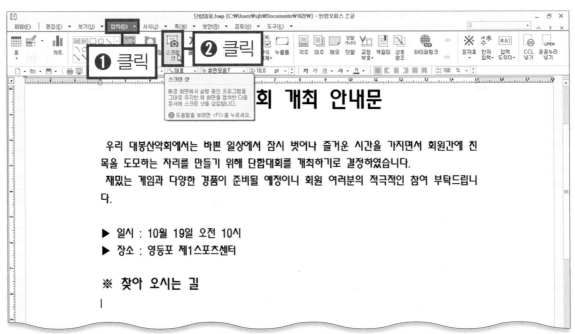

7 '스크린 샷' 대화 상자가 나타나면 '사용할 수 있는 창'에서 '네이버의 지도 화면'을 클릭합니다. 이후 [문서에 포함]과 [글자처럼 취급]에 체크 표시한 다음 [화면 캡처] 버튼을 클릭합니다.

8 지도 화면이 나타나면 캡처할 부분을 드래그합니다.

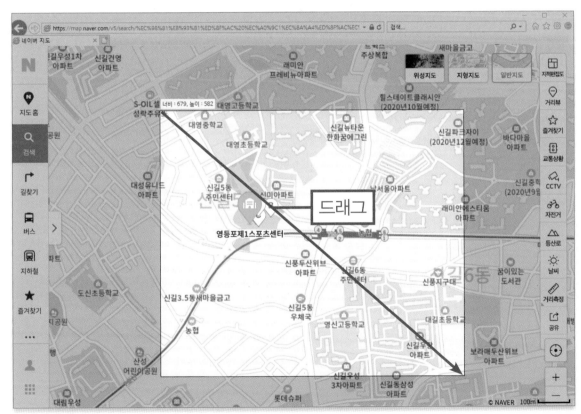

9 문서 내 커서가 위치한 곳에 앞서 드래그하여 지정한 지도 부분이 삽입됩니다. [가운데 정렬](▤)을 클릭하여 지도를 위치시킨 다음 지도를 클릭한 후 [조절점](◻)이 나타나면 적당한 크기로 드래그합니다.

STEP 3 **화살표 삽입하기**

10 지도에서 모임 장소를 눈에 띄게 강조하기 위해 [입력] 탭-[그리기마당]을 클릭합니다. '그리기마당' 대화 상자가 나타나면 [그리기 조각] 탭에서 [블록화살표]-[아래쪽 화살표](⬇)를 차례대로 선택한 후 [넣기] 버튼을 클릭합니다.

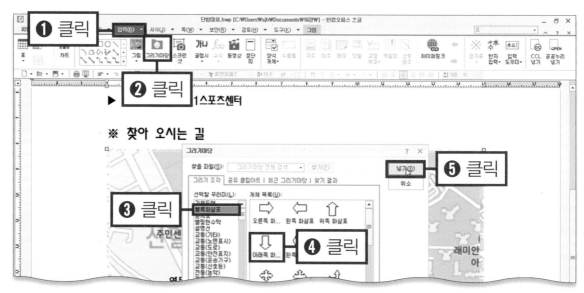

11 지도 위에 화살표를 드래그하여 삽입한 후 [도형] 탭에서 [채우기](🖌 ▾)의 [펼침 단추](▾)를 클릭한 다음 [빨강]을 선택합니다. [서식] 도구 상자의 [저장하기](💾)를 클릭해 완성된 문서를 저장합니다.

조금 더
배우기

• '스크린 샷' 대화 상자에서 '사용할 수 있는 창' 목록에 나타난 축소판 그림 중 하나를 선택한 다음 [넣기] 버튼을 클릭하면 창의 일부분이 아닌 창 전체가 캡처되어 한글 문서에 삽입됩니다.

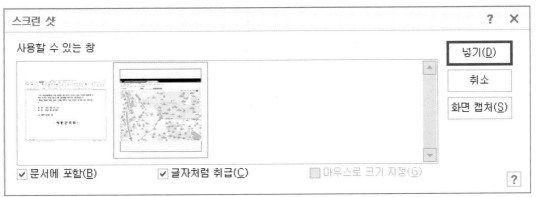

• 한글 2014보다 낮은 버전에는 [스크린 샷] 메뉴가 없습니다. [스크린 샷]이 메뉴에 없는 경우에는 캡처할 화면을 열어 놓은 다음 키보드의 [Print Screen]을 누른 후 한글에서 [Ctrl] + [V]를 눌러 붙이기 하여 삽입할 수 있습니다.

혼자서도 만들 수 있어요!

1 '한라산국립공원' 사이트의 [탐방안내도]를 캡처하여 다음과 같은 문서를 작성해 보세요.

HINT 인터넷을 열어 '한라산국립공원' 사이트에 접속한 다음 [탐방안내도] 클릭 → 한글 프로그램 실행하여 제목 입력 후 서식 지정(32pt, 가운데 정렬)한 다음 Enter↵ → [입력] 탭-[스크린 샷] 클릭 → '사용할 수 있는 창'에서 한라산 사이트 선택하고 [문서에 포함], [글자처럼 취급]에 체크 표시한 다음 [화면 캡처] 클릭 → 탐방안내도 그림을 드래그해 캡처

2 캡처된 탐방로 그림에 그리기마당을 이용하여 대피소를 표시해 보세요.

HINT [입력] 탭-[그리기마당] 클릭 → [그리기 조각]-[교통(표지판)]-[대피소] 선택 후 [넣기] 클릭 → 드래그해 삽입

CHAPTER 17

모임 장소 안내판 만들기

POINT

이번 강에서는 위치와 상관없이 글자를 넣을 수 있는 글상자와 글자에
다양한 효과를 줄 수 있는 글맵시, 그리기마당에 등록된 클립아트를 이용하여
장식이 많은 화려한 문서를 만드는 방법에 대해 알아봅니다.

완성 화면
미리 보기

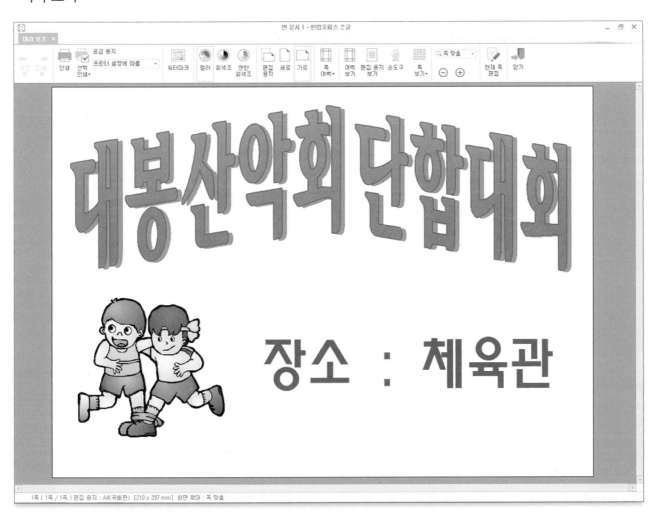

여기서
배워요! 편집 용지, 글맵시, 그리기마당, 가로 글상자

1 ..... 한글 2014 프로그램을 실행한 후 용지를 가로로 설정하기 위해 [쪽] 탭-[편집 용지]를 차례대로 클릭합니다.

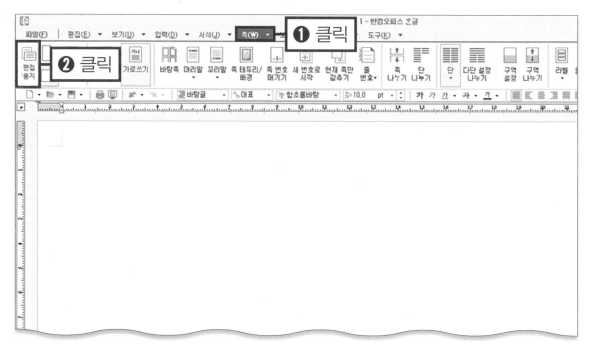

2 ..... '편집 용지' 대화 상자가 나타나면 '용지 방향'은 [가로]를 클릭, '용지 여백'의 '왼쪽', '오른쪽', '위쪽', '아래쪽'은 각각 '10mm'를 입력합니다. '머리말', '꼬리 말'은 '0mm'로 입력한 후 [설정] 버튼을 클릭합니다.

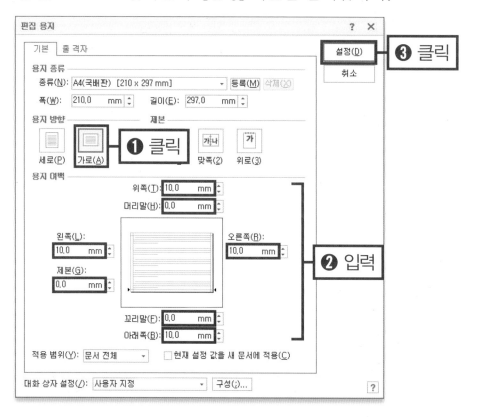

3 제목 글을 만들기 위해 [입력] 탭-[글맵시]를 클릭한 후 메뉴 목록에서 [채우기 - 자주색 그러데이션, 회색 그림자, 직사각형 모양](가나다)을 클릭합니다.

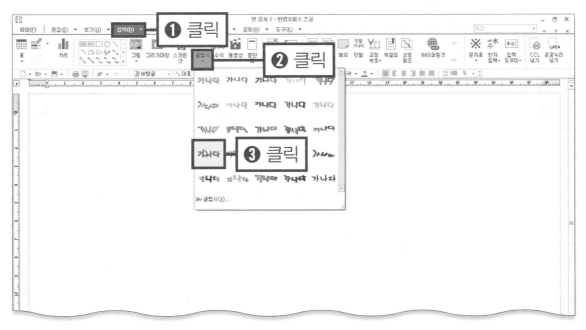

4 '글맵시 만들기' 대화 상자가 나타나면 '내용'에 '대봉산악회 단합대회'를 입력하고 '글꼴'은 [한컴 솔잎 B], '글맵시 모양'은 [갈매기형 수장](◆)을 선택한 후 [설정] 버튼을 클릭합니다.

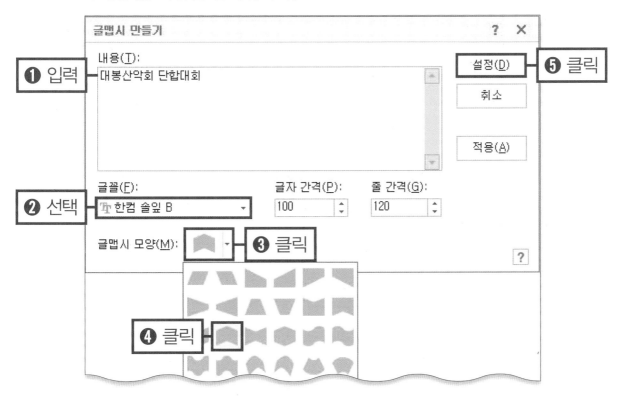

5 글맵시가 삽입되면 오른쪽 아래의 [조절점](□)을 드래그해 크기를 늘립니다.

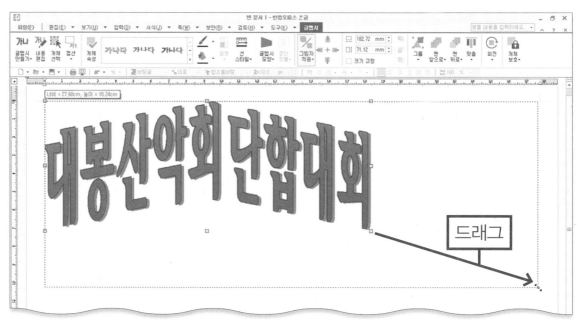

STEP 3 **그리기마당을 이용해 클립아트 삽입하기**

6 [입력] 탭-[그리기마당]을 클릭합니다. '그리기마당' 대화 상자가 나타나면 [그리기 조각] 탭에서 [유치원(일반2)]를 선택합니다. '개체 목록'의 스크롤 바를 상하로 움직이며 목록에서 [운동회]를 찾아 선택한 후 [넣기] 버튼을 클릭합니다.

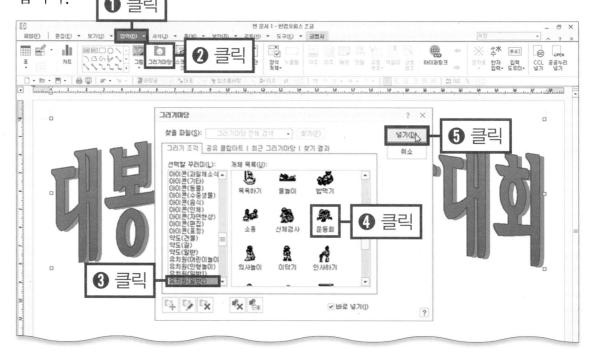

7 마우스 포인터가 (⊞) 모양으로 변경되면 글맵시의 왼쪽 아래에 적당한 크기로 드래그해 삽입합니다. [도형] 탭에서 [너비](▭)는 '80mm', [높이](▯)는 '75mm'를 입력한 후 드래그해 위치를 조정합니다.

STEP 4 **글상자 삽입하기**

8 [입력] 탭-[가로 글상자](▤)를 클릭합니다. 마우스 포인터가 (⊞) 모양으로 바뀌면 클립아트 옆에 적당한 크기로 드래그해 삽입합니다.

9 [서식] 도구 상자에서 '글꼴'은 [휴먼모음T], '글자 크기'는 '85pt', '글자 색'은 [파랑], [가운데 정렬](≡)로 선택한 후 글상자 안을 클릭하여 '장소 : 체육관' 을 입력합니다.

'글자 크기' 부분의 숫자 입력 란을 클릭한 후 '85'를 입력한 다음 Enter↵ 를 누릅니다.

10 [도형] 탭-[선 스타일]을 선택한 후 [선 종류]-[선 없음]을 차례대로 클릭합니 다. '선 없음'이 설정되면 글상자의 테두리가 빨간 점선으로 표시됩니다. [서식] 도구 상자의 [저장하기](💾)를 클릭해 완성된 문서를 저장합니다.

1 그리기마당과 글맵시를 이용하여 금연 안내판을 만들어 보세요.

[입력] 탭–[그리기마당]–[그리기 조각]–[교통(표지판)] 클릭 → [금연] 선택 후 [넣기] 클릭 → 드래그해 삽입 → [입력] 탭–[글맵시]–[채우기 – 없음, 직사각형 모양] 클릭 → '금연' 입력 후 [글맵시 모양]–[역갈매기형 수장]–[설정] 클릭 → [채우기]를 클릭하여 [빨강] 선택 → 위치 이동 후 크기 지정

2 그리기마당과 글상자를 이용하여 명언 문서를 만들어 보세요.

[입력] 탭–[그리기마당]–[공유 클립아트]–[휴식/여행]–[휴식] 선택 후 [넣기] 클릭 → 드래그해 삽입 → [입력] 탭–[가로 글상자] 클릭 → 클립아트 위로 드래그 후 내용 입력 → 블록 지정 후 원하는 서식 지정 → 글상자 테두리를 더블 클릭 → [선] 탭 클릭 후 '종류'–[선 없음] 선택 → [채우기] 탭 클릭 후 [색 채우기 없음] 선택하고 [설정] 클릭

연하장 만들기

POINT

한글에서 제공하는 다양한 문서 서식 및 클립아트를 바탕으로
일상생활에 필요한 문서를 간단히 작성할 수 있습니다. 연하장 만들기를 통해
문서마당과 그리기마당을 활용하는 방법에 대해 알아봅니다.

완성 화면

미리 보기

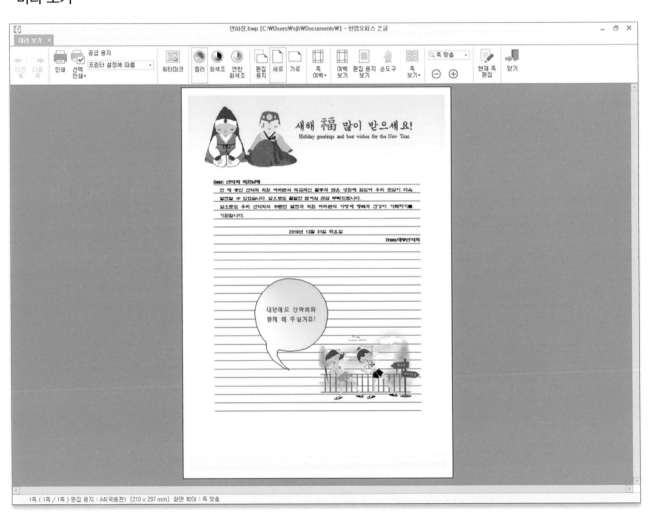

여기서 배워요! 문서마당, 그리기마당

1 한글 2014 프로그램을 실행한 후 [파일] 탭을 클릭한 다음 [새 문서]에 마우스 포인터를 올려두면 목록이 나타납니다. 여기서 [문서마당]을 찾아 클릭합니다.

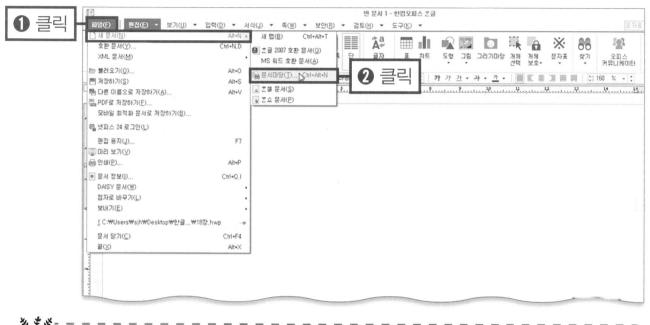

조금 더 배우기 [파일] 탭에서 [새 문서]를 클릭하면 빈 문서가 만들어지니 주의합니다.

2 '문서마당' 대화 상자가 나타나면 [문서마당 꾸러미] 탭을 클릭한 후 [편지지 문서]를 선택합니다. '서식 파일'의 스크롤 바를 상하로 드래그해 움직이며 목록에서 [편지지(새해 인사 3)]을 찾아 선택한 후 [열기] 버튼을 클릭합니다.

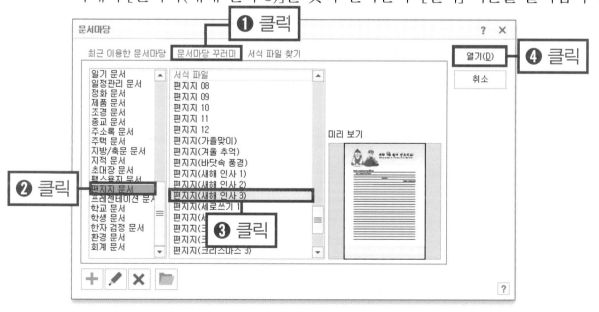

3 ····· 서식 문서가 열리면 '받을 사람을 입력하세요.'와 '편지 본문을 입력하세요.' 부분을 클릭하여 내용을 작성한 다음 'From:' 뒤를 클릭하여 '대봉산악회'를 입력합니다.

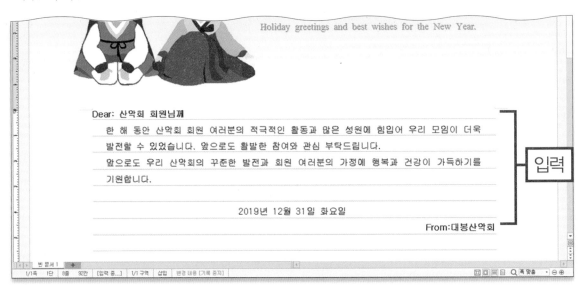

 편지지 문서에 오늘 날짜가 자동으로 입력됩니다. 원하는 날짜를 직접 입력하려면 날짜가 입력된 제일 앞쪽에 커서를 두고 Delete를 누릅니다. '[날짜 코드]를 지울까요?'란 메시지 창이 뜨면 [지움]을 클릭한 후 원하는 날짜를 입력합니다.

4 ····· 입력된 내용을 모두 블록 지정한 후 [서식] 도구 상자의 '글꼴'에서 [휴먼옛체]를 클릭합니다.

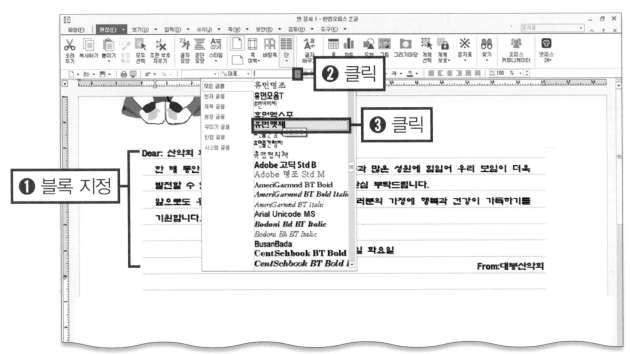

5 [입력] 탭–[그리기마당]을 클릭합니다. '그리기마당' 대화 상자가 나타나면 [공유 클립아트] 탭을 클릭한 후 [가족]을 선택합니다. '개체 목록'의 스크롤 바를 상하로 움직여 목록에서 [아침운동]을 찾아 선택한 후 [넣기] 버튼을 클릭합니다.

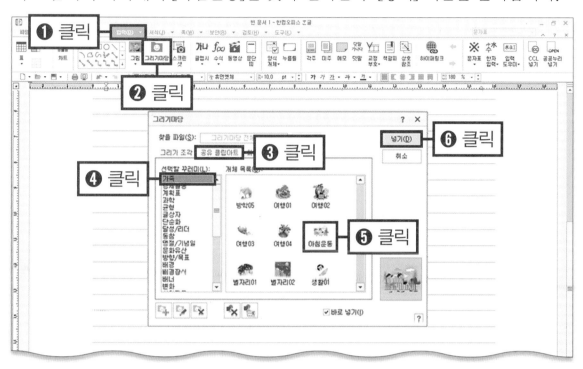

6 마우스 포인터가 (⊞) 모양으로 바뀌면 적당한 크기로 드래그해 삽입한 후 편지지의 오른쪽 아래로 위치를 이동합니다.

7 다시 [입력] 탭–[그리기마당]을 클릭합니다. '그리기마당' 대화 상자가 나타나면 [그리기 조각] 탭을 클릭한 후 [설명상자(장식)]을 선택합니다. '개체 목록'에서 [말풍선03]을 찾아 선택한 후 [넣기] 버튼을 클릭합니다.

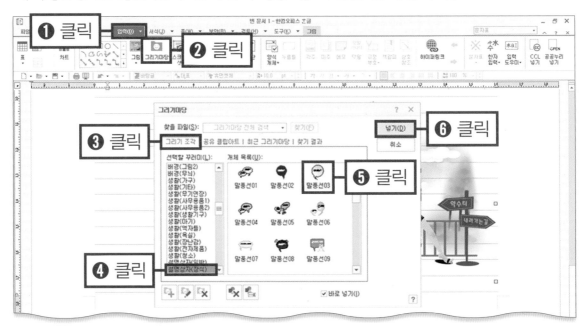

8 마우스를 드래그해 '아침운동' 클립아트의 왼쪽에 삽입합니다. 삽입된 말풍선의 바깥쪽을 클릭한 다음 '여기를 마우스로 누르고 내용을 입력하세요' 부분을 클릭하여 아래와 같이 내용을 입력합니다. 입력한 내용을 드래그해 블록 지정한 다음 원하는 서식을 설정하여 문서를 완성합니다.

여기서는 '글꼴'은 [태나무], '글자 크기'는 [13pt], '글자 색'은 [빨강]을 선택하였습니다.

혼자서도 만들 수 있어요!

1 문서마당을 이용하여 생일 축하 카드를 만들고 '축하카드.hwp' 파일로 저장해 보세요.

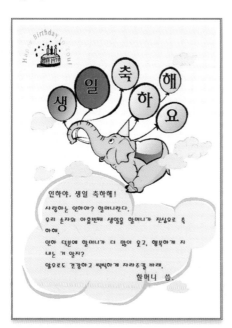

입력 내용 :

사랑하는 인하야? 할머니란다.

우리 손자의 아홉번째 생일을 할머니가 진심으로 축하해.

인하 덕분에 할머니가 더 많이 웃고, 행복하게 지내는 거 알지?

앞으로도 건강하고 씩씩하게 자라주길 바래.

 HINT [파일]–[새 문서]–[문서마당] 클릭 → [문서마당 꾸러미]–[편지지 문서]–[생일 축하 1] 선택 후 [열기] 클릭 → 내용 입력 후 서식 지정(휴먼매직체, 20pt) → 저장하기

2 그리기마당을 이용하여 다음과 같은 문서를 만들고 '메뉴.hwp' 파일로 저장해 보세요.

 HINT 빈 문서에 내용 입력 후 서식 지정(태나무, 112pt, 초록, 가운데 정렬) → [입력] 탭–[그리기마당] 클릭 → [그리기 조각]–[음식(요리)] 클릭 → [떡볶이] 선택 후 [넣기] 클릭 → 드래그해 삽입

감사장 만들기

POINT

메일 머지는 똑같은 내용의 편지를 이름이 다른 여러 사람에게 보낼 때
사용하는 기능입니다. 여기서는 메일 머지를 이용하여
감사장을 만드는 방법에 대해 알아봅니다.

완성 화면
미리 보기

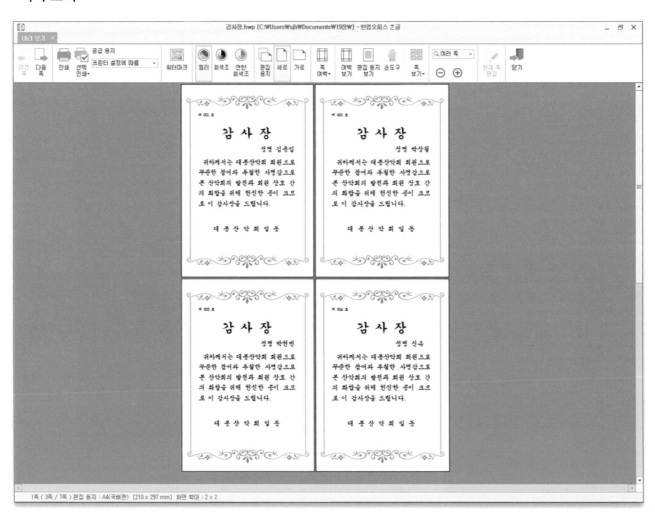

여기서
배워요! 메일 머지 표시 달기, 메일 머지 만들기

1 ⋯⋯ [서식] 도구 상자의 [불러오기](📁)를 클릭해 [19강] 폴더에서 [감사장.hwp] 파일을 불러옵니다. 메일 머지 표시를 달기 위해 '제' 글자 뒤를 클릭하어 커서를 위치시킨 후 [도구] 탭-[메일 머지]-[메일 머지 표시 달기]를 차례대로 클릭합니다.

2 ⋯⋯ '메일 머지 표시 달기' 대화 상자가 나타나면 [필드 만들기] 탭을 선택한 다음 필드 번호 '1'을 입력하고 [넣기] 버튼을 클릭합니다.

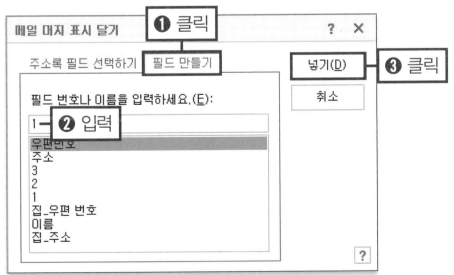

3 커서가 위치해 있던 곳에 '{{1}}'이라는 메일 머지 표시가 나타납니다.

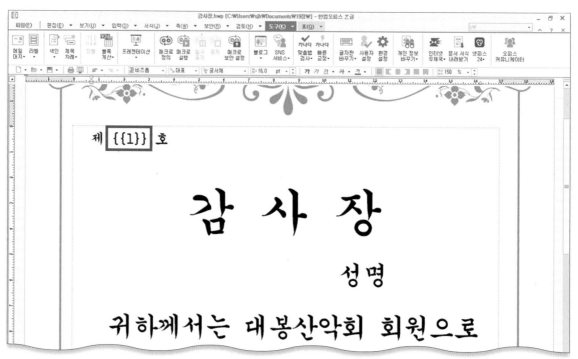

4 같은 방법으로 '성명' 글자 뒤에 커서를 위치시킨 후 [도구] 탭에서 [메일 머지]–[메일 머지 표시 달기]를 클릭합니다. '메일 머지 표시 달기' 대화 상자가 나타나면 [필드 만들기] 탭에서 필드 번호 '2'를 입력한 후 [넣기] 버튼을 클릭합니다. 메일 머지 표시가 생기면 [서식] 도구 상자의 [저장하기](💾)를 클릭합니다.

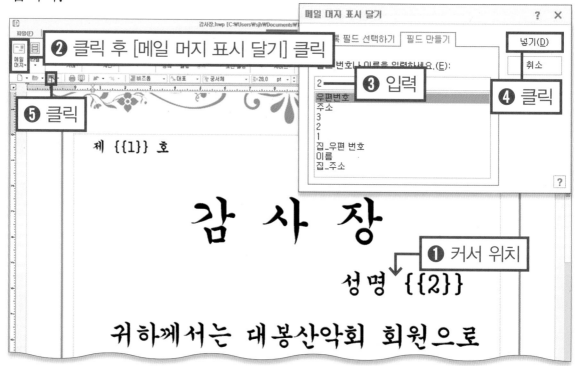

5 [파일]–[새 문서]를 클릭합니다. 새 문서가 열리면 메일 머지를 연결할 자료를 입력하기 위해 첫 줄에 필드의 항목 수 '2'를 입력한 다음 Enter↵ 를 눌러 아래로 이동하면서 각각의 항목 내용을 입력합니다.

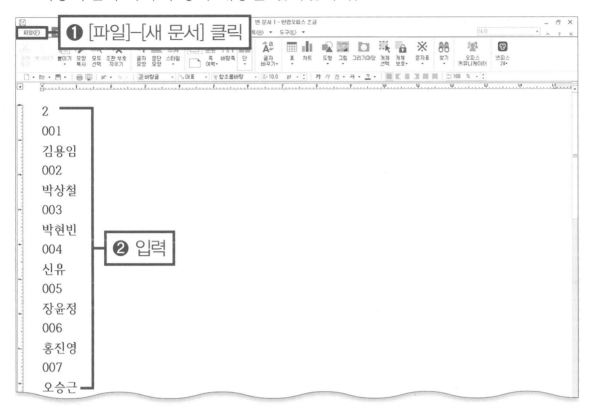

 조금 더 배우기 첫 줄에 입력한 '2'는 메일 머지를 만든 항목의 개수로 '감사장 번호', '이름'의 2개 항목을 나타내며, 2개 항목으로 된 7명의 자료를 입력합니다.

6 [서식] 도구 상자의 [저장하기](📁)를 클릭합니다. '다른 이름으로 저장하기' 대화 상자가 나타나면 '저장 위치'를 [바탕 화면]으로 선택하고 '파일 이름'을 '감사장명단'이라고 입력한 뒤 [저장] 버튼을 클릭합니다.

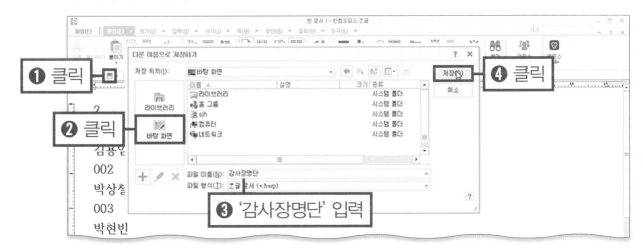

7 데이터 파일이 완성되면 메일 머지를 만들기 위해 [감사장.hwp] 파일을 연 뒤 [도구] 탭-[메일 머지]-[메일 머지 만들기]를 차례대로 클릭합니다.

8 '메일 머지 만들기' 대화 상자가 나타나면 '자료 종류'를 [한글 파일]로 선택하고 [파일 선택](📁)을 클릭합니다. '한글 파일 불러오기' 대화 상자가 나타나면 '바 탕 화면'에서 [감사장명단.hwp] 파일을 선택하고 [열기] 버튼을 클릭합니다. 이 후 '출력 방향'을 [화면]으로 선택한 다음 [확인] 버튼을 클릭합니다.

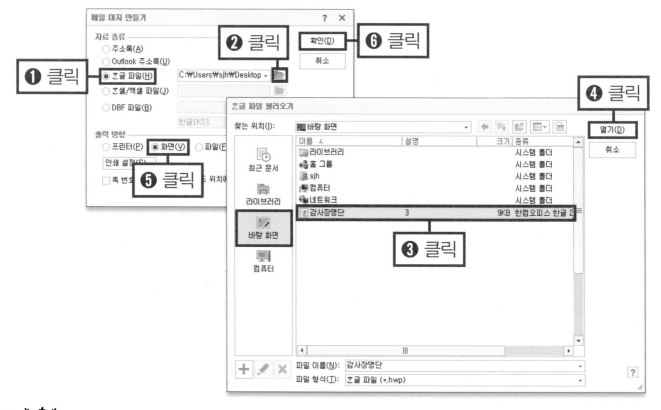

조금 더 배우기

'출력 방향'을 [프린터]로 선택하면 해당 문서가 바로 출력되며, [파일]로 선택하면 메일 머지가 적용 된 문서를 하나의 파일로 저장할 수 있습니다.

9 ..... '미리 보기' 화면이 열리면 첫 데이터가 적용되면서 감사장 문서가 완성된 것을 확인할 수 있습니다. [다음 쪽]을 클릭하여 데이터가 제대로 적용되었는지 확인합니다.

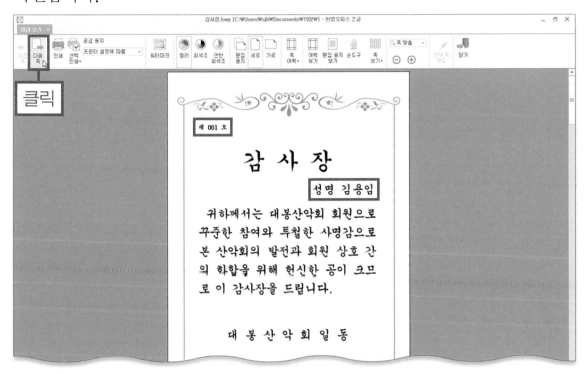

10 ..... [인쇄]를 클릭하여 감사장을 출력한 후 [닫기]를 클릭하여 '미리 보기' 창을 닫습니다.

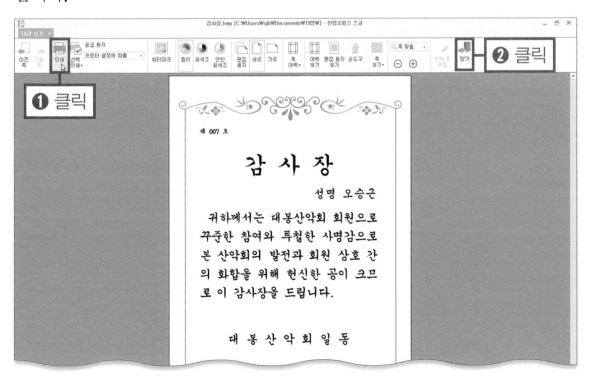

1 [19강]의 '초대장.hwp' 파일을 불러온 후 성명과 경품 번호가 입력될 곳에 메일 머지 표시 달기를 해 보세요.

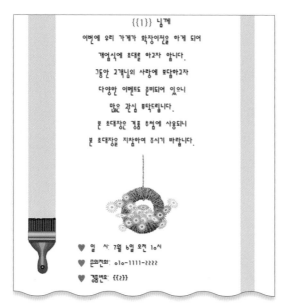

HINT '님' 글자 앞에 커서를 두고 [도구] 탭–[메일 머지]–[메일 머지 표시 달기] 클릭 → [필드 만들기] 탭에 '1' 입력 후 [넣기] 클릭 → '경품번호:' 뒤에 커서를 두고 [도구] 탭–[메일 머지]–[메일 머지 표시 달기] 클릭 → [필드 만들기] 탭에 '2' 입력 후 [넣기] 클릭

2 [19강]의 '초대장명단.hwp' 파일을 이용해 화면에 출력되도록 메일 머지 만들기를 해 보세요.

HINT [도구] 탭–[메일 머지]–[메일 머지 만들기] 클릭 → [한글 파일]을 선택, [파일 선택] 아이콘을 클릭해 [19강]–[초대장명단.hwp] 파일을 선택 후 [열기] 클릭 → [출력 방향]을 [화면]으로 지정 후 [확인] 클릭

CHAPTER 20

인쇄하기

완성된 문서를 인쇄하기 전에 잘못된 곳은 없는지 미리 보기를 통해 알아보고 인쇄하는 방법에 대해 배웁니다. 또한, 한글 프로그램이 설치되지 않은 다른 컴퓨터에서 한글로 작성된 문서를 확인할 수 있도록 한글 문서를 PDF 파일로 저장하는 방법에 대해 배워 봅니다.

완성 화면

미리 보기

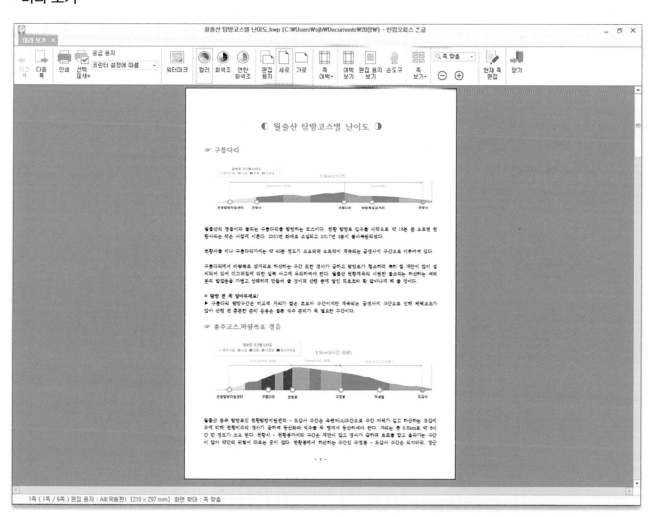

여기서 배워요! 미리 보기, 인쇄, PDF로 저장하기

미리 보기

1 `·····` [서식] 도구 상자의 [불러오기](📁)를 클릭해 [20강] 폴더에서 [월출산 탐방코스
별 난이도.hwp] 파일을 불러옵니다. 이후 [파일] 탭-[미리 보기]를 클릭합니다.

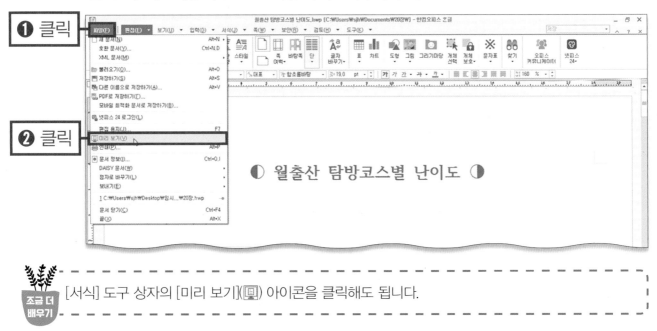

조금 더
배우기
[서식] 도구 상자의 [미리 보기](🖥) 아이콘을 클릭해도 됩니다.

2 `·····` 인쇄하기 전에 최종 모습을 미리 확인할 수 있습니다. [이전 쪽]과 [다음 쪽]을
클릭하여 수정할 사항은 없는지 확인합니다. 수정할 부분을 찾았거나 미리 보
기를 끝내려면 [미리 보기] 도구 상자의 [닫기] 버튼을 클릭하여 편집 창으로
돌아옵니다.

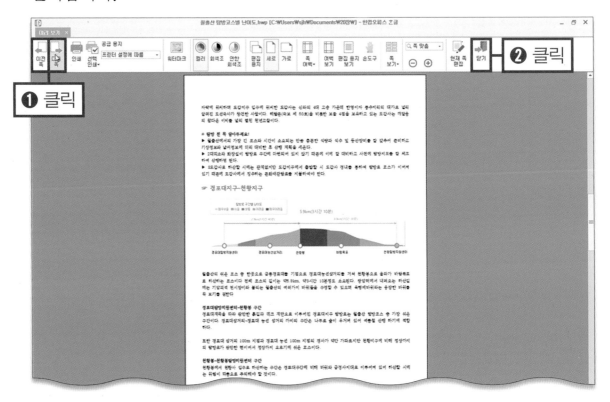

3 문서를 인쇄하기 위해 [파일]-[인쇄]를 클릭합니다.

❶ 클릭

❷ 클릭

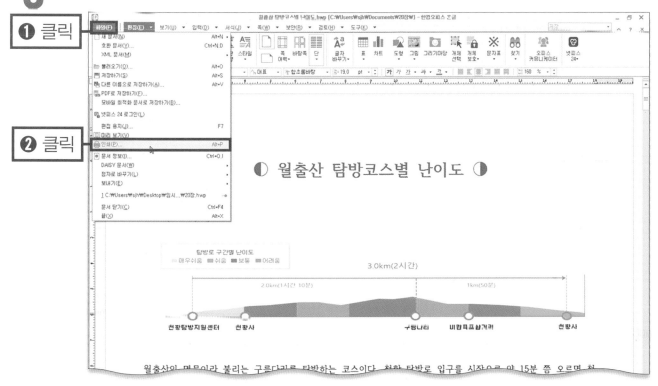

[서식] 도구 상자의 [인쇄](🖨) 아이콘을 클릭해도 됩니다.

4 '인쇄' 대화 상자가 나타나면 '프린터 선택', '인쇄 범위', '인쇄 매수', '인쇄 방식'을 지정하고 [인쇄] 버튼을 클릭합니다.

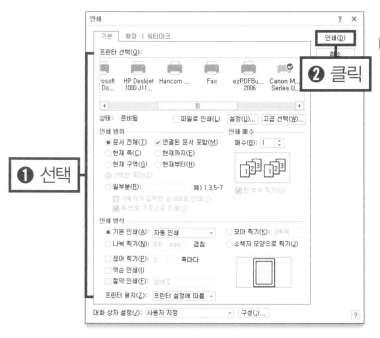

❷ 클릭

❶ 선택

인쇄 범위

- **문서 전체 :** 전체 쪽을 인쇄
- **현재 쪽 :** 문서 내의 커서가 위치한 쪽만 인쇄
- **현재 구역 :** 문서 내의 커서가 위치한 구역 전체를 인쇄
- **현재까지 :** 처음부터 현재 커서가 위치한 쪽까지 인쇄
- **현재부터 :** 현재 커서가 위치한 쪽부터 끝까지 인쇄
- **선택한 쪽만 :** 블록으로 지정한 부분의 쪽만 인쇄
- **일부분 :** 임의로 지정한 쪽만 인쇄

5 [파일]-[PDF로 저장하기]를 차례대로 클릭합니다.

❶ 클릭

❷ 클릭

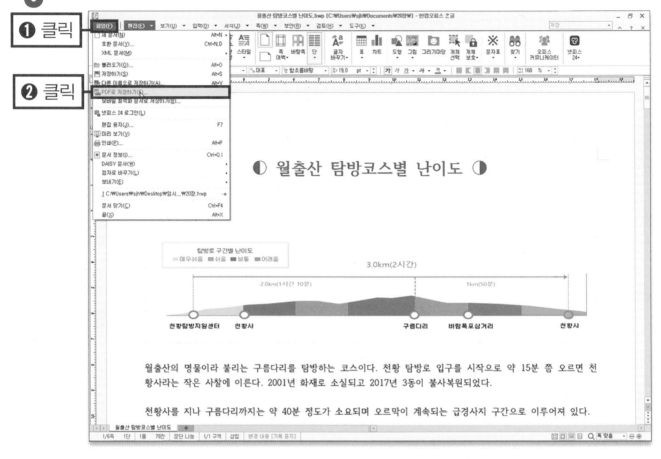

6 'PDF로 저장하기' 대화 상자가 나타나면 '저장 위치'를 [바탕 화면]으로 선택하고 '파일 이름'을 '월출산 탐방코스'라고 입력한 뒤 [저장] 버튼을 클릭합니다.

❶ 클릭

❷ 입력

❸ 클릭

7 변환이 모두 이루어지면 한글 2014를 종료한 뒤 문서를 확인하기 위해 바탕
화면에 저장된 PDF 파일(월출산 탐방코스)을 더블 클릭합니다.

8 PDF 뷰어 프로그램을 통해 문서를 확인합니다.

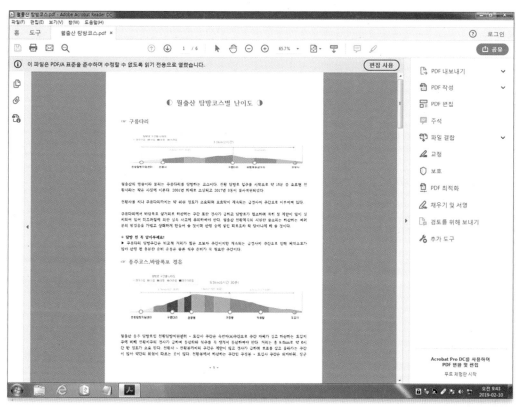

 PDF 뷰어 프로그램이 설치되어 있어야 문서 확인이 가능합니다. PDF 파일이 열리지 않으면 뷰어
프로그램을 설치합니다.

혼자서도 만들 수 있어요!

1 [20]강의 '무궁화소개.hwp' 파일을 불러온 후 1쪽만 인쇄해 보세요.

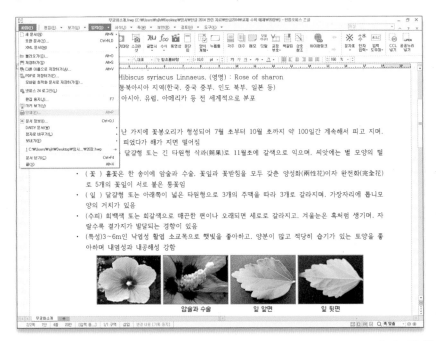

HINT 1쪽에 커서를 위치시킨 후 [파일]-[인쇄] 클릭 → '인쇄 범위'의 [현재 쪽]을 선택하고 [인쇄] 클릭

2 '무궁화소개.hwp' 문서를 PDF 파일로 저장해 보세요.

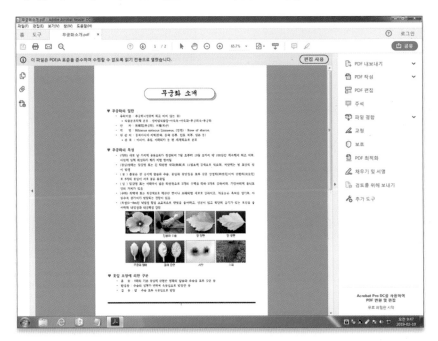

HINT [파일]-[PDF로 저장하기] 클릭 → '저장 위치'를 선택하고 '파일 이름' 입력 후 [저장] 클릭

쓱 하고 싹 배우는
한글 2014

1판 1쇄 발행 2010년 12월 8일
1판 3쇄 발행 2023년 12월 3일

저 자 | 안은진
발 행 인 | 김길수
발 행 처 | ㈜영진닷컴
주 소 | 서울특별시 금천구 가산디지털1로 128 STX-V 타워 4층 401호
등 록 | 2007. 4. 27. 제16-4189호

ISBN 978-89-314-6173-2